| 無硝煙的世界戰爭 | 遠略智庫 著

貿易壁壘
TRADE BARRIERS

關稅不再是政策，是武器；貿易不再是交流，是壓制；
臺灣，該如何不在戰場中失語？

在這場沒有開火，卻影響所有人財富、生活與自由的戰爭中，
你要站在哪一邊？你是否能決定自己想站在哪一邊？

全球秩序正在重組
而「制度」將決定你是否被信任、是否能生存

目 錄

- 導讀　　　　　　　　　　　　　　　　　　　　005

- 第一章
  關稅即武器：從經濟制裁走向全面對抗　　　　011

- 第二章
  全球化的反向熵流：保護主義的新戰場　　　　039

- 第三章
  科技圍堵戰：晶片、數據與演算法的冷戰升級　061

- 第四章
  能源與資源的重分配戰：
  掌握關鍵礦產者掌控未來　　　　　　　　　　087

- 第五章
  金融為界：SWIFT、數位貨幣與資本封鎖　　　115

- 第六章
  供應鏈的新鐵幕：
  關鍵技術的封鎖、轉向與重構　　　　　　　　141

目錄

第七章
科技巨頭的跨國對撞：稅制、壟斷與主權　　169

第八章
戰爭與制裁：小國的逆轉與倖存策略　　195

第九章
數位國土：App、數據與平臺國族化　　223

第十章
產業自主與策略儲備體系建構　　251

第十一章
川普現象 2.0：政治貿易主義的重返　　281

第十二章
貿易戰的未來：混合戰爭與經濟安全治理　　309

第十三章　關稅戰的代價與制度重構　　339

後記
當貿易變成戰爭，國家該如何設計未來？　　357

主題索引　　363

國際組織與政策協議索引（International Organizations & Policy Regimes）　　367

導讀

當「關稅」變成飛彈，當「ESG」成為地雷，這本書帶你進入當代最真實也最危險的經濟戰場。

21世紀初的世界曾有過一段短暫的幻覺——自由貿易將化解國家之間的敵意，供應鏈整合會讓戰爭不再可行。從歐盟的誕生、WTO的黃金年代，到中國的入世與全球製造基地的轉移，那是一段被稱為「全球化高峰期」的時代。那時候的我們相信，貿易越深、對話越多、資訊越開放，戰爭的機率就越低。

然而，這段歷史正在結束，甚至正在反噬我們。

當俄羅斯侵略烏克蘭後能源被切斷、當美中貿易戰不再是新聞、當歐盟以碳稅制裁高排國家、當中國用稀土原料懲罰盟友、當一個手機App被視為國安威脅、當你以為只是買了一顆電動車電池，其實已站在某個政權的選邊之上——你會驚覺，我們已經身處於一場「看不到邊界，卻無處不在」的經濟戰爭。

這就是本書《貿易壁壘，無硝煙的世界戰爭》的價值與洞見所在。

> 導讀

◎一本解構新冷戰、重構經濟國安的現代戰略之書

本書由資深國際經貿研究者撰寫，結合政治經濟學、戰略地緣學與制度設計觀點，完整梳理從 2018 年中美貿易戰開打至 2025 年川普再當選後，全球貿易秩序如何被逐步解構並重組的全景地圖。

本書並非只是評論現象，而是系統性地提出三大框架視角：

- 混合戰爭觀點（Hybrid Warfare Framework）：將經濟制裁、供應鏈斷鏈、數位監控、金融封鎖等納入戰爭範疇，讓讀者理解「經濟不再是經濟，而是政治武器的延伸」；
- 制度競爭理論（Regulatory Geopolitics）：深刻分析 WTO 式多邊自由貿易失效後，國家如何透過 ESG 標準、碳稅、資料主權與 AI 治理等新型制度建立新的「經濟陣營」；
- 臺灣定位重構法（Geo-Economic Role Reframing）：以制度、信任與數位治理為三大支柱，為臺灣提出「新中立經濟體」的政策藍圖，超越選邊困境、邁向全球可信任節點。

本書並非空談理論，而是以大量真實政策案例、跨國制度比較與臺灣在地視角交織撰寫，讓讀者不只看見全球，還能看見自己的位置與選擇。

◎為什麼你需要這本書？
因為經濟正在變成你沒學過的戰爭

這本書適合誰讀？答案是：所有仍相信自由市場、制度正義與臺灣可以自己選擇未來的人。

若你是政策制定者，本書將讓你理解，不建立本地供應鏈透明機制與數位治理，臺灣將無法進入下一波經濟外交主場；

若你是企業決策者，本書提供供應鏈備援、資料合規、ESG 證據鏈與制度風險評估方法，幫助你看見品牌存活與出口競爭力的新底線；

若你是年輕創業者，本書會讓你知道，不只創新技術，更需創新制度，唯有進入全球信任鏈、制度聯盟與治理平臺，你的產品才有跨境未來；

若你是國際關係研究者或記者，本書是打破西方視角、理解制度鬥爭與東亞地緣轉變的參照架構；

若你是關心臺灣的公民，那麼更應該知道 —— 未來的戰爭不是飛彈襲擊，而是斷電、斷鏈、斷信用，沒有人開火，我們卻會輸得很徹底。

> 導讀

◎最深的警訊：

不是我們沒競爭力，而是我們還用舊的世界規則評估自己

這本書最可貴之處，在於它揭示一個核心事實：

「今天的競爭，不是你產品好不好、技術快不快、效率高不高，而是你的資料能不能讓人信、你的制度能不能對接盟友、你的品牌能不能透過一場場來自 ESG、AI 倫理、碳足跡與資安的測謊機。」

如果你還以為臺灣靠科技就能贏，那你可能低估了世界對「制度可信任度」的飢渴；如果你還以為自己站在自由陣營就不會被圍堵，那你可能誤解了「選邊之後還要能交出制度成績單」的現實。

本書所描繪的是一場看不見界線但清楚劃分敵友的新世界貿易秩序。我們要不要參與設計？還是永遠只被通知？

◎世界分裂之時，臺灣不能只是旁觀者

本書最後提出的「新中立經濟體」不只是概念，而是對臺灣未來政策設計的深刻呼籲。中立，不是什麼都不做，而是建立可被各方信任、制度可對話、危機中可提供替代的能力。

我們不能再只是代工、不能再只是被迫表態，也不能再幻想會有一個誰來救我們的國際社會。

唯有制度設計力，才能換來經濟生存權；唯有參與規則設定，我們才不會成為規則外的人。

這本書，是在告訴你：

「貿易戰的本質，已不是利益之爭，而是信任與制度的戰爭。未來不是誰賣得多，而是誰不被封鎖、誰能進入價值體系、誰能撐過下一場制裁風暴。」

請你從現在開始，讀懂這場無聲的戰爭，因為它已經開始。

而我們，還沒準備好。

導讀

第一章

關稅即武器：
從經濟制裁走向全面對抗

第一章　關稅即武器：從經濟制裁走向全面對抗

第一節
關稅的戰爭邏輯與演化路線

國力消長的無聲戰爭

現代戰爭不再局限於武裝對抗，而轉向制度滲透與經濟壓制。尤其當軍事手段門檻日益升高，各國領袖開始擁抱一種低烈度、慢性消耗卻高度戰略化的對抗工具——關稅。它看似經濟措施，實則為戰略封鎖的起點。

關稅之於戰爭，不僅是交換條件的籌碼，更是試圖重塑全球生產與價值鏈的制度型武器。

從 2018 到 2025：川普式貿易戰的進化

2018 年川普政府首次大規模對中國課徵懲罰性關稅，掀起全球第一波貿易報復循環。時至 2025 年，這位前總統再度執政後的第一場重大宣示，便是在 4 月 2 日宣布全新關稅體系——對所有進口商品加徵 10% 基礎稅，針對中國課徵 34%，越南 46%，歐盟 20%。

這不僅是政策手段，更是策略宣告。在川普口中，這是「讓世界重新尊重美國製造」；在外界眼中，這則是全球貿易

第一節　關稅的戰爭邏輯與演化路線

體系的劇烈動搖。

值得注意的是，川普的新政並未如 2018 年般以個別產業為施壓起點，而是全面性地重構「入口門檻」，此舉形同對全球價值鏈作出一次深層重組命令。尤其對於東南亞製造基地、依賴轉口出口的地區如臺灣，形成巨大壓力。

關稅由「保護」走向「打擊」

關稅的本質正在轉變——從保護本國產業，轉為精確打擊特定國家的產業鏈布局。這種打擊具有三個特徵：

一是長尾性，不會立即造成戰爭，但會慢性蠶食對方出口競爭力；

二是選擇性，針對利潤最高、技術含量最高的產業集中火力；

三是制度性，透過法律、行政令與聯盟機制，使關稅壁壘變成持久化的「經濟地雷帶」。

這已不再是貿易保護，而是地緣經濟重新塑形的外科手術。

這與 1980 年代美日貿易摩擦有顯著對比——當時美國主要針對汽車、電子產品向日本施壓，要求其限制出口並擴大進口。而今川普的戰略更加激進，並不試圖達成「貿易平衡」，而是要主動改寫價值鏈的核心結構。

> 第一章 關稅即武器:從經濟制裁走向全面對抗

臺灣的戰略角色與制度困境

臺灣作為全球供應鏈中不可或缺的一環,在晶片製造、關鍵零組件、資通訊設備等領域,夾在美中對立的交界點。美方要求供應鏈去中國化,催促台積電、美光等業者赴美設廠。中方則透過進口禁令與官方媒體警告,對臺施壓。

川普最新關稅實施後,臺灣出口至美國的產品雖未被直接列為高懲罰國,但由於原物料多半自中國進口,加工地、原產地規則面臨嚴格審查,使許多出口商必須重新評估生產與報關流程。

更進一步,這也對臺灣未來與東南亞、印度的貿易關係產生重大影響——若越南被列為高關稅國,許多已外移至當地的臺商是否要「再外移」?臺灣是否有能力提供原料與生產後援?這些問題皆考驗中小企業的全球應變能力。

以機殼廠可成為例,其在中國大陸、越南及臺灣三地皆設有產線。若越南產品遭高額課稅,將不得不將部分產線遷回高成本的臺灣,或另尋尚未列入關稅制裁名單的東協成員國,如馬來西亞或泰國。

實務應對與法規挑戰:原產地規則的賽局

川普政策下,原產地(Rules of Origin)成為稅負命運的關鍵。以往只要「主要加工地」不在中國即可規避關稅,但

> 第一節　關稅的戰爭邏輯與演化路線

2025 年版本新增「供應鏈溯源與內容比率」規定──意即若原材料超過 30% 來自高關稅國，即使終端加工在其他國家，也須課以關稅。

臺灣企業必須投入更多資源建立「供應鏈透明度」，甚至需聘請第三方稅務顧問與報關律師，避免誤報造成鉅額罰款。

此外，企業間也開始形成「互助型供應同盟」，將原料採購集中於稅負安全國，並透過區域小規模自由貿易協議降低轉出口成本。這種戰略性整合，讓臺灣企業在碎片化世界中創造新生態位。

關稅戰爭的未來態勢

如今的關稅策略已超越「反傾銷」、「補貼爭端」等傳統框架，成為外交、國安、科技主權等多重議題交織的場域。其目標不再是取得價格優勢，而是改變產業布局、打擊對手科技升級速度、迫使政策讓步，乃至於削弱特定國家的制度穩定性。

這樣的手段，雖無硝煙，卻充滿殺傷力。

美國內部其實也出現高度爭議：許多農業州、製造州的地方政府擔心反效果。根據 2025 年 4 月 8 日的美國全國商會報告，已有超過 52 家美國進口商提交異議意見，表示物價上

漲與零組件遲滯恐導致「消費性衰退」。而科技業如蘋果與特斯拉，更明白表態將重新評估其「供應鏈友好性指數」，避免成為下一波政治鬥爭犧牲品。

臺灣的應對之道

面對這場無聲戰爭，臺灣所能做的不是逃避選邊，而是強化自身在關鍵節點的不可替代性。從鴻海印度廠的自主供應鏈布局，到台積電亞利桑那建廠如何維持研發核心不流失，這些都是臺灣在戰略邊緣中尋求空間的實戰演練。

在政策面上，政府也積極與盟國談判關稅豁免清單、推動臺版供應鏈信託體系、設立「國際市場風險因應基金」，協助中小企業應對貿易摩擦成本。

真正的戰略不是對抗，而是創造選項。關稅成為戰爭後，選項越少，風險越高。未來，臺灣能否持續為全球產業提供高價值、低替代性的戰略資源，將決定在這場無硝煙戰爭中是被動反應者，還是新型戰略資產創造者。

第二節
川普 2025「解放日」關稅政策解析

突襲式政策重啟貿易強權野心

2025 年 4 月 2 日,美國總統川普於白宮記者會上宣布一項被命名為「解放日」(Liberation Day)的全新關稅政策,內容震撼全球貿易市場。這項政策的核心在於,對所有進口商品一律加徵 10% 基礎關稅,並針對中國、越南與歐盟等特定國家商品實施更高額的懲罰性關稅。這項措施的宣示口氣激進,川普強調此舉不僅是要「結束他國對美國工人長期的掠奪」,更是「讓製造業回家、讓貿易秩序重組」。他的語言與策略清晰揭示,這不僅是經濟政策,更是一場以制度為武器的地緣戰爭。

策略轉變:從政策干預走向制度重寫

相較於 2018 年川普政府啟動的關稅制裁行動,此次政策不再針對特定產業,而是系統性地重新定義美國與世界的貿易界線。這套制度不是臨時性的報復措施,而是川普用來

第一章　關稅卽武器：從經濟制裁走向全面對抗

取代 WTO 框架的一種「單邊通關準則」。其最大的戰略意義，在於取消最惠國待遇原則，讓美國能依據本身利益對任何國家設定獨立稅率，進而主導全球產業轉向。當制度邏輯變成「只有我說了算」，全球貿易秩序也就失去了共同協商的機會。

強制透明化：供應鏈成為戰略武器

在操作面上，政策設計也呈現出高度技術與戰略結合的特色。除了課徵基礎稅率外，美國政府同步強化原產地規則，要求所有進口商品須提供完整供應鏈溯源資料。根據新規，只要商品的組成材料中有超過 30％ 來自被列為高關稅國，即使終端產品於其他國家加工，也將被視為高關稅商品處理。這對長年依賴多國分段製造的全球企業而言，無疑是一種毀滅性的規則重寫。供應鏈因此不再只是效率優化的工具，而成為貿易戰中的情報網與攻擊點。

產業動盪與市場劇震同步發生

政策公布後的數天內，美國與全球主要金融市場出現劇烈反應。道瓊工業指數與那斯達克指數雙雙下挫，美國企業界的主要聯盟——商業圓桌會議（Business Roundtable）與全國製造商協會（NAM）也紛紛發表聲明表示憂慮。特斯拉與

第二節　川普 2025「解放日」關稅政策解析

蘋果等企業明確指出，原料與零組件成本的上升將迫使產品漲價，甚至延遲新產品上市時程。在這波震盪中，不僅製造業受到衝擊，零售通路、科技研發、乃至物流業都同步感受到供應斷鏈的寒意。

國際盟友的反擊與不滿浮現

歐盟對此政策反應強烈，第一時間表示將針對美國科技巨頭實施數位稅懲罰措施，並考慮調整碳關稅制度作為報復手段。加拿大與南韓也表達外交層級的抗議，強調此舉違反 WTO 精神。日本與澳洲則傾向在安全合作之下，保守應對以免影響本身出口結構。這些反應說明一件事：雖然川普以「美國製造」為旗幟發動政策，實際上已動搖盟友對其經濟承諾的信心，並刺激其他國家強化區域合作與貿易本土化作為自保反應。

臺灣企業面對三重夾擊壓力：
被動選邊的高風險經濟處境

2025 年 4 月，美國川普政府宣布對多個國家實施「對等關稅」政策，臺灣意外名列其中，遭課徵高達 32％進口關稅。此舉震撼臺灣產業界，也讓臺灣企業原本已極為脆弱的國際經濟布局，進一步陷入三重壓力交織的風暴核心。

第一章　關稅卽武器：從經濟制裁走向全面對抗

　　首先，許多臺灣代工與電子零組件企業，在過去十年內基於成本與風險管理，將製造據點部分轉移至越南。然而如今越南被美國課徵高達 46% 的關稅，使得這些轉單策略反而成為企業稅務風險的新災區。部分臺資企業表示，若連臺灣與越南都列為高關稅來源地，出口美國的價格優勢將蕩然無存，供應鏈需重新全面重整。

　　其次，臺灣產品雖在地製造，但上游原材料多數仍依賴中國進口，尤其在精密化學品、晶片封測材料與電池模組領域更為明顯。美方近期加強原產地查驗，強調打擊中國透過第三國轉運規避關稅的行為。根據現行原產地規則，產品須達到「實質轉型」標準，否則可能被視為中國輸出，並遭受相應關稅。此舉對臺灣出口造成潛在風險，即使產品在本地加工完成，若未明確符合原產地規則，亦可能在報關時被認定為「間接中國貨」，增加企業在對美出口時的合規不確定性。

　　第三，臺灣雖為美國的科技夥伴與民主盟友，卻無法像歐盟、加拿大或日本等區域性共同體一樣，以整體協商機制談判爭取豁免或緩衝空間。臺灣的「非正式盟友」地位，使其在國際制度中處於無法站邊卻被迫選邊的尷尬格局。一方面難以向中國靠攏，另一方面卻無法確保在美方經濟制裁與市場重構中的穩定席次。

　　這三重夾擊壓力顯示：臺灣企業不只是受害者，更是地

> 第二節　川普 2025「解放日」關稅政策解析

緣貿易重構中最敏感、最脆弱也最需要主權經濟戰略的參與者。若沒有制度支撐與國家級風險管理架構，光靠「效率」與「技術」恐難撐過未來這場無預警的全球經濟再戰爭。

法規與技術雙重負擔急遽上升

在行政實務上，川普的新政也帶動一連串對進口商與報關業的程序壓力。臺灣企業若要繼續輸美，除了必須提供高精準度的原產地認證文件，還需採用美國政府指定的數位報關平臺，並接受供應鏈審查。這意味著從財務、法務到技術研發部門，都須投入大量成本配合新制度，否則將面臨退運、扣貨乃至商譽損傷的風險。在中小企業尚未數位化供應鏈管理的背景下，這將是一場事關存亡的挑戰。

區域對抗與地緣重新對位的開始

儘管川普宣稱「這是一場為了工人與企業的正義反擊」，實際上全球供應鏈已因此開始出現集體重組。東南亞各國企業加速尋求非美出口市場，部分臺商則轉向 CPTPP 成員國如墨西哥與馬來西亞重新布建產線，以分散貿易風險。歐盟加快其「戰略自主」進程，積極尋求與印度、拉美擴展貿易框架。這些變化說明，美國雖暫時掌握主導關稅節奏的話語權，但全球經濟已進入多極回應與去美中心化的新階段。

第一章　關稅即武器：從經濟制裁走向全面對抗

臺灣的機會與危機並存

在這樣的環境中,臺灣如果僅被動因應,無疑將逐漸邊緣化。但若能藉機推動「去風險化」布局,並提升產業自主程度,則有機會轉危為機。其中關鍵在於政府能否即時提供企業所需的稅務、法規、技術支援平臺,同時積極與美方爭取供應鏈信任標章制度,強化臺灣在半導體與資安供應的中立性與不可替代性。此外,臺灣企業必須強化原產地規劃與報關合規管理,建立可持續且可追溯的出口資料架構,否則極可能在這場規則重寫的戰爭中被迫出局。

第三節
關稅對內需、外貿與產業結構的震盪

關稅不是稅,是對內結構的震盪起點

當關稅從傳統的經濟工具轉化為戰略性武器,其衝擊絕不僅限於對外關係。事實上,真正深層的改變往往發生在本國經濟體內部。2025 年 4 月川普宣布關稅政策後,美國內需市場首當其衝,零售價格的調漲、製造成本的上升、物流週期的延長,這些原本只出現在財經新聞分析中的詞彙,迅速變成了普通民眾生活的一部分。

美國消費者協會在政策實施兩週內即發布初步調查,指出服飾、電子產品與食品價格平均上漲 6.3%,而部分使用越南進口鞋材與中國電子零件的產品漲幅更突破 15%。這代表通膨不再僅是金融市場上的指數,而是透過「貿易障礙內爆」的形式,滲透進每一個家庭的預算分配之中。

外貿扭曲:出口被反制,進口更被管制

以出口為命脈的國家,在遭遇高關稅障礙時,其產品競爭力自然會大幅下降。但當全球其他主要經濟體為了報復美國而

第一章　關稅卽武器：從經濟制裁走向全面對抗

反向制裁時，美國自己的出口產業也受到波及。尤其是農業、汽車與能源這三個長期依賴外銷的領域，成為首波受害者。

歐盟於 2025 年 4 月 9 日宣布，將針對美國進口牛肉、玉米與冷凍雞肉加徵關稅，同時對美國汽車實施技術性檢驗壁壘，以延長清關時間與提高報關成本。這些做法雖無官方聲明明指報復，但業界普遍視為是對川普解放日政策的間接反擊。美國農業部與通用汽車雙雙發表聲明，指出這些政策將「嚴重打擊出口排程與供應鏈信心」。

此情形與 2018 年中美貿易戰初期的「報復關稅循環」極為相似，不同的是，這一次不再是雙邊對打，而是美國對世界的單邊強硬，引發多邊反彈。在這種背景下，全球貿易流動開始出現碎裂化的趨勢，原本以效率為導向的出口模式，逐漸讓位給政治可控性導向的出口安排。

製造業斷鏈：成本螺旋與訂單流失並行

美國在製造端所承受的壓力，也不容忽視。表面上看來，增加關稅將促進美國本地生產，但實際上，短期內的現象更傾向於「製造成本上升但產能來不及補位」，進而導致生產延遲、價格上漲與訂單流失並行發生。

以電子組裝為例，美國境內現有的代工廠不足以消化高科技製造的整體需求，即使蘋果公司開始推動德州組裝產

第三節　關稅對內需、外貿與產業結構的震盪

線,也只能滿足極少部分旗艦產品的出貨量。其餘中階與入門款仍需仰賴臺灣、越南與墨西哥的供應體系。然而,在多重稅率、物流阻礙與原產地審查的三重門檻下,企業不僅需要承擔更高的報關風險,也可能在交期不穩中失去歐亞新興市場的買家信任。

這樣的惡性循環導致部分企業不得不調降年度出口目標,或轉向區域內小型市場進行補量,但無論哪一種作法,都難以補回由大市場斷鏈所造成的結構性損失。

臺灣的出口模式在震盪中尋求重組可能

臺灣作為出口導向型經濟體,其產業結構與國際貿易依存度極高,在這樣的大國政策轉變中自然也被牽動。根據財政部關務署的數據,自 2025 年 4 月起,臺灣出口美國的筆電、伺服器、電動車零件出現報關延遲的情況,主因便在於供應鏈追溯規範與原產地標示系統變得更為嚴格。

為了應對這一變局,臺灣多家企業著手進行供應鏈重組。其中,鴻海集團啟動「3＋3」新生產基地計畫,分別在印度、墨西哥與高雄設立製造與組裝節點,用以對應不同關稅制度下的出口目的地。臺達電則打造 AI 供應鏈控管平臺,以提升從原料到成品的流向透明度,爭取美國稽核單位的信任通行認證。

不過，中小企業的反應能力與資源條件遠不如大型集團，仍有大量廠商無法在短期內轉型，只能選擇削減出口量、退出特定市場或轉向貿易商合作。這種現象正在無聲中侵蝕臺灣整體出口結構的彈性與自主性。

消費鏈效應回灌：價格上漲如何反噬內需信心

值得注意的是，關稅的影響並不僅止於供應端，它更直接透過價格機制滲透至內需市場，引發消費者信心的波動。根據臺灣主計總處與中經院的同步調查，自美國宣布新關稅政策後，消費性電子、汽車與生活用品等進口品項的零售價格平均上升 3%～ 8% 不等，連帶帶動本土同類商品價格也呈現跟漲態勢。

由於臺灣並未與美國建立自由貿易協定（FTA），因此無法享有關稅豁免與行政加速通關的待遇，這也使得商品成本在競爭中處於不利位置。當這種價格上升反覆出現在消費市場，民眾對進口品牌的信任與購買意願自然降低，進一步影響到臺灣本地經銷商與批發體系的存活狀態。

特別是在零售業與電子通路產業中，關稅引發的價格波動已開始對月營收與年度目標造成壓力，業者不得不調整進貨策略與廣告資源分配，轉而尋找東協或日本品牌作為替代方案，形成商品來源「去美化」的反向流動。

第三節　關稅對內需、外貿與產業結構的震盪

產業調整的同時，也是制度抉擇的開始

從關稅政策公布到產業應對的每一個環節，無不顯示出全球貿易與經濟已不再是單純追求效率的邏輯體系，而是處處嵌入政治判斷、制度信任與戰略配位。對美國而言，這場關稅戰役是其試圖奪回全球製造話語權的重要行動；但對其他國家來說，這則是一道選擇命運與市場的新試煉。

臺灣若無法在此波結構轉移中積極重構出口模式、重建供應鏈信任、重新布局政策對話，就可能在無聲無息中被排除於主要貿易軸線之外。未來數年，全球貿易不再只是企業之間的角力，而將轉化為各國制度、政府效率與產業韌性的比拚。在這場無硝煙的戰爭中，誰能率先完成轉型，誰就能保住生存位置。

第一章　關稅卽武器：從經濟制裁走向全面對抗

第四節
全球報復鏈條啟動：中歐印的反擊

關稅攻擊的擴散效應

當美國率先對全球主要出口國展開大規模關稅行動時，世界其他國家的沉默並未持續太久。僅僅數日內，中國、歐盟與印度等貿易大國紛紛表態，針對美國所發動的單邊主義行徑表示抗議，並提出反制計畫。這些回應不僅具有政策層面的對稱性，也明顯帶有結盟訊號，顯示這不只是各國間的貿易摩擦，更逐漸升級為全球貿易陣營的重組與對抗。

而這種對抗的節奏與形式，呈現出比過往更為複雜與制度化的態勢。2025 年的貿易戰不再是雙邊你來我往的報復循環，而是多邊同步啟動、交錯纏繞、充滿戰略籌碼與外交盤算的聯合行動。美國雖以全球最大市場自居，但面對整體供應鏈逐步脫鉤的現象，其主導地位正在動搖。

中國的強勢出手與戰略警訊

中國作為首當其衝的關稅目標，自然展開第一波反擊。4 月 5 日，中國商務部正式宣布，將對美國農產品、高端科技

第四節　全球報復鏈條啟動：中歐印的反擊

零組件、民用航空設備加徵 20％～ 45％不等的關稅。這項政策不僅回應對美不公正待遇的指控，也明確地鎖定美國在全球供應鏈中具有出口優勢的項目，形成針鋒相對的對稱打擊。

此外，中國還同步啟動了技術出口管制升級，對稀土材料、高端電池原料與特定半導體製程工具的出口進行數量與國別限制。這一舉動不僅是經濟制裁，更可視為在全球高科技競賽中的主動權宣示。對美國而言，這不僅是商務衝突，更可能牽動軍用與航太科技的發展節奏，風險層級因此急遽上升。

從戰略角度來看，中國並未選擇全面攤牌，而是以有限範圍的反制行為，逐步測試美國的應對反應與市場回震幅度。這是一種典型的「推進式回應」，既不退讓，也避免陷入全面衝突，反映出其謹慎而縝密的應對節奏。

歐盟的制度性反制：
以 CBAM 取代報復性關稅的地緣策略升級

面對川普政府再度上路後所祭出的單邊高關稅政策，歐盟選擇的不是正面對抗或立即報復，而是一條更具長遠戰略意義的道路 —— 以制度規則取代貿易反擊。其中最具代表性的行動，正是推動碳邊境調整機制（CBAM）的加速落地與制度強化。

CBAM 過渡期雖早在 2023 年 10 月 1 日啟動，但歐盟執

> 第一章 關稅即武器：從經濟制裁走向全面對抗

委會於 2025 年 2 月進一步透過簡化並擴充執行機制的提案，目標是為 2026 年 1 月 1 日 CBAM 正式全面實施創造最佳準備條件。屆時，所有進口至歐盟的鋼鐵、鋁材、水泥、化肥、氫氣與電力等產品，將被要求揭露其生產過程中的碳排放資訊，並依照歐盟碳價繳納等值「碳關稅」。

與傳統貿易報復不同，CBAM 不以「懲罰」為名，而是以「內外碳定價公平性」為邏輯，透過制度化工具，打造法理上難以被 WTO 挑戰的合法壁壘。這一策略，讓歐盟在面對美中貿易霸權的夾擊中，創造出一條由規則主導的新型經濟防禦模式。

更值得注意的是，歐盟並未孤軍奮戰。2025 年以來，布魯塞爾積極拉攏日本與韓國，意圖建立跨區域碳稅互認機制，並與加拿大與英國啟動「碳價格協同平臺」談判。這種制度輸出不只是技術標準的延伸，更是一場地緣價值的聯盟建構。歐盟正在用 CBAM 定義一種「合格制度參與者」的經濟通行證，進而排除未達標者進入其市場。

從反制川普關稅，到形塑下一代貿易規則的核心語言，CBAM 不再只是氣候政策，而是歐洲地緣經濟戰略的制度性回應。這種做法提供了另一種典範：在單邊主義升溫與國際制度疲弱之際，中小型或非霸權經濟體如何透過合法性、合規性與聯盟化制度，取得價值鏈重組中的話語空間與制度主導權。

第四節　全球報復鏈條啟動：中歐印的反擊

印度的報復是機會，也是轉向

與中歐相比，印度的反擊行動雖不如前兩者規模龐大，卻更具策略彈性。印度選擇對美國科技產品與零售品牌進行反制，包括提高蘋果、Amazon、特斯拉等品牌商品的進口稅率，同時也對進口冷凍食品、農產品提高審核與檢疫難度。

然而，印度的回應並非只是反制，更是一種藉機鞏固本土市場與吸納國際資本的機會。就在川普政策宣布後的一週內，印度政府宣布放寬對外資電子製造業的投資限制，並公開邀請臺灣、南韓與日本企業前往設廠。這種「半報復、半招商」的操作手法，充分展現印度作為新興區域大國的彈性戰略與政策算計。

臺灣多家 ICT 與汽車零組件業者開始與印度地方政府洽談投資方案，顯示出印度在貿易衝突背景下，反而可能成為地緣經濟再平衡的得益者之一。

多邊反制與制度重寫的交錯局勢

從中國的稀土限制、歐盟的碳稅聯盟，到印度的進口品牌懲罰與招商並行，全球主要貿易大國的反制行動，不再只是單純的「課稅對課稅」，而是充滿制度創新、策略試探與經濟地緣調整的複合行為。這些行動共同揭示了一個新的事實：關稅戰不再是孤立事件，而是引發一連串制度鬆動與再建的

第一章 關稅卽武器：從經濟制裁走向全面對抗

引爆點。

更重要的是，這些反擊行動開始構築起新的經濟集團意識。美國在實施單邊政策的同時，也被其他經濟體視為不穩定且具侵略性的變數，促使更多國家轉向自我防衛式的貿易治理機制。全球貿易正在逐步告別 WTO 時代的普遍規則，而進入一個以安全、制度、技術為主軸的多中心秩序時代。

臺灣的機會視角與警訊啟示

面對這場多邊報復與制度重組的浪潮，臺灣雖未被列為報復目標，但亦無法置身事外。歐盟與日本新興碳稅規範、印度對品牌企業的進口政策、甚至中國對某些高附加價值科技產品的出口控制，皆對臺灣形成實質壓力與政策外溢效應。

同時，這也為臺灣提供重新定位的機會。若能積極參與區域碳稅制度、加強與東協與南亞的投資與供應合作，甚至主動倡議供應鏈透明度與綠色生產認證制度，臺灣或可在此波地緣重組中，從邊緣走向關鍵。

無論未來局勢如何演變，可以確定的是，這場無硝煙戰爭不再只是輸贏之爭，而是生存之爭。在這個以政策為槍、關稅為彈的戰場上，誰能建立多邊信任、制度穩定與技術領先三位一體的韌性系統，誰就能站穩全球價值鏈的新中心。

第五節　臺灣的角色與兩難：
被推向晶片外交前線

全球晶片板塊移動中的關鍵孤島

當關稅轉化為經濟戰的第一波攻擊手段，科技產業尤其是半導體領域，自然成為下一階段的戰略焦點。臺灣作為全球晶圓製造的中樞，其地位在這場無硝煙的世界大戰中被前所未有地推向檯面。不是因為它的軍力或外交，而是因為它手握晶片這項新時代的「準軍備物資」，成為各大強權爭奪的交會點。

無論是美國對中國的先進晶片出口管制，還是中國對關鍵原物料的供應封鎖，核心問題始終指向一個關鍵問題：誰能控制台積電的產能與技術，誰就掌握下一階段數位霸權的節奏。這不僅讓臺灣成為供應鏈必爭之地，更把原本只專注於技術與市場的企業領袖，直接捲入國際地緣戰略的核心漩渦中。

台積電：技術領先與戰略夾擊之間的抉擇

自 2020 年美國商務部首度要求台積電停止供貨給華為以來，臺灣半導體業就被迫捲入美中科技對抗的漩渦。到了

第一章　關稅卽武器：從經濟制裁走向全面對抗

2025 年，這場旋渦不僅未止，反而更劇烈。在川普重新執政後，對中國的科技制裁變本加厲，任何含有美國技術的設備或產品皆不得輸往中國；而台積電的製程設備幾乎全數來自美國，這使得其對中業務幾近凍結。

另一方面，美國國防部與商務部亦持續對台積電提出更進一步的要求，包括在亞利桑那州擴建產能、提供供應鏈資訊、甚至協助美方建立自有半導體研發與人才體系。這些要求表面上是經濟合作，實質上卻逐步將技術主權移往美國本土。對台積電而言，這是一場生死邊界模糊的外交賭局；對臺灣整體而言，更是主權與產業命運交疊的歷史時刻。

企業的外交壓力與政府的制度真空

在這樣的格局中，企業原本應該只需專注於技術創新與全球拓展，如今卻被迫扮演國家代言人、政治談判者、甚至地緣平衡者的角色。這對任何企業都是極度不自然的壓力，更遑論是在高度敏感的科技與國安領域。

台積電董事長在 2025 年第一季法說會上公開表態，希望能「維持技術中立，不成為任何國家政治操作的棋子」，此言一出，雖獲得國內社會支持，卻也引來美國國安界的關切。部分國會議員提出草案，要求凡與中國有過往合作紀錄的供應商必須接受安全審查。這種帶有審問性質的政策走向，讓

第五節　臺灣的角色與兩難：被推向晶片外交前線

企業進退維谷,也讓臺灣政府的角色空間更加狹窄。

事實上,臺灣在法律制度上並無完整的「科技主權維護條例」,企業與政府在面對國際科技戰壓力時,常以臨時協調、危機溝通方式處理。這使得臺灣的應對機制往往偏向被動,無法系統性建立自主科技政策與出口安全架構,也讓企業在國際賽局中更加暴露與孤立。

臺灣兩難的外交選邊困境

與此同時,中國對臺灣企業也未完全放棄影響力。雖然中國市場已失去高端晶片供應,但在低階製造、封測、應用整合等領域仍有相當規模需求。2025 年第一季,聯發科、日月光與部分 IC 設計公司仍維持與中國手機品牌的合作,然而每一份訂單背後,都需評估可能引起美方反應的風險與後果。

臺灣政府雖表示支持企業多元布局,但也逐步釋出訊號,建議科技業者將高階技術與高敏感供應鏈轉向美國與歐洲市場,藉此取得政策與產業保障。然而,這種政策引導並未伴隨制度性資源與風險保障,使得企業仍須獨自承擔轉向成本與政治風險。

這場「不是非選不可,卻避不開選邊」的處境,正是臺灣所面對的最大困境。選擇美國,可能在制度吸收與技術外流

第一章　關稅即武器：從經濟制裁走向全面對抗

中喪失主導權；選擇中立，則可能在雙方壓力下無法立足。臺灣既無核武，也無常備軍事聯盟，其安全與發展只能託付於產業的不可取代性，而這正是對所有高科技國家的最大試煉。

未來的戰略選擇：科技島的生存模式

面對這樣的歷史轉折點，臺灣有兩條路可走。一條是積極建構「自主技術主權體系」，在本地發展自主 EDA 工具、先進材料、關鍵設備，減少對美國與日本技術的高度依賴。這條路耗時、費力、風險極高，卻是長遠的主動生存路線。

另一條路則是深化與民主盟邦之間的技術同盟，以技術共享換取政策庇護與供應鏈位階。這條路相對現實、具備短期安全感，但也意味著核心技術的逐步國際化，甚至出現決策層面的主權稀釋。如何在兩者之間取得平衡，將成為臺灣未來十年經濟與政治共同體的核心議題。

此刻的臺灣，正處在一場新的冷戰前線，唯一的武器不再是飛彈或航母，而是一顆顆直徑不到兩奈米的晶片。而每一片晶片所蘊藏的，不只是電流與邏輯，而是未來世界的權力與秩序。臺灣能否在這場看不見硝煙的戰爭中，不僅倖存，更能重構自身定位，將決定我們是否能從過去的邊陲，躍身成為戰略未來的策劃者。

第五節　臺灣的角色與兩難：被推向晶片外交前線

涵蓋品項	主要碳排來源	適用 CBAM 規則
鋼鐵（Iron and Steel）	煉鐵與鋼鐵冶煉過程中的燃煤與高溫排放	須申報每噸鋼鐵製品的碳排放並繳交碳價格差額
鋁材（Aluminium）	熔煉鋁錠需大量電力與原生氧化鋁製程	須揭露原料電力碳強度與電解過程碳排
水泥（Cement）	高溫石灰窯燃燒與碳酸鈣分解反應	以每噸水泥產量核算碳排並加以調整
化肥（Fertilizers）	氮肥製造中之天然氣轉化程序	依照合成與製程分別計算直接與間接碳排
氫氣（Hydrogen）	水電解或蒸氣重組時產生的大量能耗	以製氫方法為基礎差別課徵碳稅

出口國	主要受影響產業	出口依賴歐盟程度（%）	風險等級（高／中／低）
中國	鋼鐵、鋁材、水泥	12.5	高
土耳其	鋼鐵、水泥	18	中
印度	鋁材、化肥	10.2	中
臺灣	鋼鐵、電子零組件包裝材料	7.6	中
美國	鋁材、水泥	6.3	低

第一章　關稅即武器：從經濟制裁走向全面對抗

第二章

全球化的反向熵流：
保護主義的新戰場

第二章 全球化的反向熵流：保護主義的新戰場

第一節
全球化的崩解：從 WTO 到雙邊賽局

從全球化共識到保護主義復興

回顧二十世紀末至二十一世紀初的全球貿易發展歷程，全球化幾乎是一種不容質疑的共識。在 WTO 的架構下，各國爭相開放市場、撤除關稅與非關稅障礙，全球供應鏈如毛細血管般穿梭於各大洲之間，將一臺筆記型電腦的零件拆解為三十個國家製造，成為「分工精密」與「互利共生」的象徵。

然而，這樣的共識在 2010 年代末逐漸破裂。中美貿易戰如同第一顆投入水面的石子，引發波紋般的回應。2020 年後，疫情重創全球運輸與製造基地，使得各國開始反思過度依賴全球供應的脆弱性；而 2022 年俄烏戰爭則徹底讓能源安全與糧食自主成為主權議題。隨著川普在 2025 年推行「解放日關稅政策」，全球化正式告別它那個黃金時代，進入碎片化、雙邊化、地緣政治強化的新紀元。

> 第一節　全球化的崩解：從 WTO 到雙邊賽局

WTO 式的多邊協議正在瓦解

WTO 曾被譽為全球經濟的守門人，其最惠國待遇、爭端解決機制與非歧視原則被視為確保全球市場公平競爭的三大基石。但從 2016 年開始，美國多次拒絕承認 WTO 對中美貿易爭端的裁定，甚至凍結上訴機構的人事提名，導致其爭端解決功能形同虛設。這並非技術性爭議，而是主導大國對多邊主義的公開抵制，意味著世界最大經濟體已不再願意在制度上受約束。

歐盟雖努力挽救 WTO 秩序，甚至試圖與中國建立備用的爭端調解框架，但收效有限。隨著川普新一輪關稅體系上路，全球主要經濟體紛紛轉向雙邊協議與區域協議，如 CPTPP、RCEP、IPEF 等，並透過國對國談判達成市場準入與技術標準的協調，過去那種「一套規則適用全球」的理想，在現實中逐漸幻滅。

雙邊賽局取代普世規則

當全球化的制度性基礎遭到動搖，各國自然轉向追求主權優先與彈性協議的雙邊機制。在這樣的邏輯下，談判不再以經濟效率為第一要件，而是政治安全、價值對齊與戰略互信成為先決條件。從供應鏈布局、關稅協定、人才流動到關鍵技術合作，每一項條文背後，都是國與國之間力量與信任的交換。

第二章　全球化的反向熵流：保護主義的新戰場

美國在與日本、南韓的科技協議中強調資料本地化與國安審查，歐盟在與加拿大、澳洲的貿易協定中推動 ESG 與碳排要求，這些規範看似技術性，實則都是為了構築「信任封閉圈」。而中國則透過「雙循環」政策與 RCEP 協議積極擴展對東南亞與中亞的影響力，形成另一種制度平行體系。結果是，全球市場雖仍流動，但其邏輯已非建立在開放共識上，而是建構於相互保留與警覺的制度防火牆中。

保護主義轉化為「國安語言」

從關稅到出口管制，再到供應鏈重組，保護主義在當代並非以明確旗幟現身，而是透過「經濟安全」、「關鍵技術保護」、「資料主權」等語彙重新包裝。這種語言的轉化，使得干預市場不再被視為落伍，而是被合理化為「國家責任」。

以美國為例，2025 年川普政府的 10% 基礎關稅並非被描述為保護產業，而是作為「重建戰略製造力」的一環；歐盟的 CBAM 制度也非自稱為貿易壁壘，而是「碳責任公平化」。這種語境上的轉化，使得保護主義不再需要道歉，而是成為新時代經濟治理的合法工具。

這一趨勢也讓中小型經濟體必須重新理解競爭優勢的定義──不再僅靠生產效率，而是是否能被納入某個安全供應圈、是否擁有合格的制度審查機制、是否能證明技術不會流

第一節　全球化的崩解：從 WTO 到雙邊賽局

向「敏感國家」。全球經濟已進入一種「以安全為邊界的效率賽局」，這是過去全球化時代無法想像的局勢。

臺灣如何自處於崩解邊緣的秩序中

對於臺灣而言，這樣的全球轉變既是威脅，也是挑戰。作為沒有簽署 WTO 外的重要雙邊協定的小型經濟體，臺灣無法以制度架構保障出口市場的穩定，也缺乏與各大陣營談判的對等地位。但也正因如此，臺灣反而擁有一種「地緣浮動性」，可以在全球供應鏈斷裂處提供替代選項，在制度真空中創造新型信任關係。

這需要政府更加積極地與區域型經濟體進行制度對接，例如與 CPTPP 成員國建立數位貿易通道、與歐盟在綠色製造上簽署雙邊認證協議，甚至針對印太區域的經貿新秩序，提出以臺灣為節點的供應鏈安全提案。同時，企業也必須加快產線多地化、資訊合規與原產地透明等能力建設，以讓自己成為「可以被信任的製造者」。

未來的貿易世界不會再有統一的規則與單一的秩序，而將是多條規則交錯、多種協議並存的鬆散網絡。在這樣的世界裡，速度、彈性與制度信任將成為生存關鍵，而臺灣若能善用自身的戰略價值與科技地位，或許仍能在全球化解體的洪流中，找到一條屬於自己的新航道。

第二節　歐盟 CBAM 上路：綠色壁壘成為新關稅

碳排放成為新戰場的入場門票

當全球貿易逐步從效率競爭轉向制度競爭，一個被低估多年的政策工具突然走到聚光燈下——那就是碳邊境調整機制（Carbon Border Adjustment Mechanism, CBAM）。歐盟作為全球最積極推動綠色政策的區域經濟體，在全球化退潮與戰略重組之際，選擇以氣候變遷作為切入點，打造出一種兼具道德感召力與經濟排他性的制度性關稅。這套機制，不僅是一道環保政策，更是一項戰略武器。

2025 年，原定於 2026 年才全面實施的 CBAM，可能在歐洲各國能源與產業界的壓力下提前啟動。此舉不僅是回應美國的單邊關稅攻勢，也是一種向全球宣示「誰才是制度主導者」的姿態。換句話說，當川普政府以關稅為盾，保護美國製造時，歐盟則選擇以碳作為劍，重構市場准入門檻。雙方雖手段不同，本質卻都指向同一件事：重新定義全球化的遊戲規則。

第二節　歐盟 CBAM 上路：綠色壁壘成為新關稅

CBAM 的技術結構與政治邏輯

CBAM 的制度設計看似技術性，實則蘊含政治目的。其基本邏輯是，歐盟境內企業須遵守嚴格的碳排標準，並需繳交碳權費用，因此進口產品若未承擔同樣的環保成本，即構成不公平競爭。因此，歐盟決定對高碳排產業的進口商品課徵對等碳稅，包含鋼鐵、水泥、化肥、鋁材與電力等五大類，未來甚至將擴及電子產品與汽車產業。

這不僅讓歐盟企業在本地市場中擁有制度優勢，也讓其他出口至歐洲的國家必須選擇是要改善自身碳排結構，或為每一單產品額外支付高額的「碳補償費」。雖然歐盟聲稱 CBAM 不具歧視性，並已提交至 WTO 做法律說明，但外界普遍認為，這其實是對開發中國家與新興工業國的一種「新保護主義變體」。

尤其當美國與中國皆未明確承諾參與全球碳市場，CBAM 無疑形成一種對這些經濟體施壓的方式。歐盟希望透過制度化的環保門檻，建立「氣候友善陣營」，進一步強化與日本、韓國、加拿大等已開發經濟體的經貿連結，排除不願配合碳規範的國家於核心供應鏈之外。

第二章　全球化的反向熵流：保護主義的新戰場

綠色變成壁壘，環保變成武器

　　綠色政策從來不只是拯救地球的理想，也可以是資源分配與市場控制的利器。CBAM 的推動過程中，歐盟多次強調公平原則與國際責任分擔，但現實運作卻清楚反映其戰略利益。當一個政策的落實條件與歐盟本身製造能力、高階技術優勢緊密相連時，它所產生的「制度壁壘」效果就變得不容忽視。

　　對歐盟而言，CBAM 是一種「正當化的市場排除」，它不需要像關稅一樣明確地列出報復對象，也不需為提高進口成本負政治責任，因為它是為了「拯救地球」。但對出口國來說，這卻意味著必須投入更多成本與技術升級，否則將在出口競爭中被迫退出。

　　這種以道德敘事包裝技術性門檻的做法，與美國透過關稅施壓中國、限制臺灣晶片出口技術的邏輯不謀而合。不同的是，歐盟的作法更為隱晦、制度化，卻也更難反駁。因為沒有人可以公開反對環保，卻每一個企業都知道，這其實是貿易壓力的另一種呈現。

臺灣的企業處境與應對戰略

　　對於出口依存度極高的臺灣來說，CBAM 的推行帶來重大挑戰。目前已有上百家臺灣企業將鋁材、鋼鐵與機械零件

第二節　歐盟 CBAM 上路：綠色壁壘成為新關稅

出口至歐洲，而其中絕大部分並未建立完整的碳排查算與碳足跡追蹤系統。更重要的是，CBAM 要求的碳資料需經第三方認證，且必須配合歐盟法規進行核發，這對資源有限的中小企業而言幾乎無法負擔。

雖然部分大型企業如中鋼、華新麗華已開始進行碳管理系統升級，並與歐洲認證機構合作建置排放模型，但整體供應鏈的反應速度仍偏慢。主因在於臺灣現行法規並未強制企業揭露碳排資訊，也缺乏統一的碳資料格式與審查標準，使得多數企業在面對歐盟買主的詢問時，無法提供即時回應，進而導致訂單流失。

政府雖已啟動「碳盤查輔導計畫」與「綠色供應鏈升級基金」，但推動進度仍不足以應對 CBAM 在 2025 年提前實施的現實壓力。這使得臺灣不僅在出口競爭中陷入被動，更在制度談判上失去先發優勢，難以將自身需求納入歐盟碳標準的設計之中。

綠色競爭即將成為全球新秩序

若說上世代的貿易競爭在於價格與關稅，未來十年則將轉向排放與碳權。CBAM 只是一個開始，各國勢必跟進設立類似制度，而全球供應鏈也將依據碳效率重新排序。在這個新秩序中，誰能提供低碳、高透明度、高合規的產品，誰就

能贏得市場與政策的雙重信任。

對臺灣而言，這是一個不容迴避的轉捩點。唯有將碳視為生產成本與品牌資產的一部分，並將碳合規納入企業經營的基本指標，方能在未來的「綠色競爭」中保住出口立足點。同時，也必須積極與歐盟、日本、韓國等制度先行者展開技術合作與政策對接，避免被排除於「綠色陣營」之外。

未來的貿易戰爭不再是關於誰有最多資源，而是誰能用最少的排放創造最大的價值。這場革命悄無聲息，卻無比深遠，它正在改寫我們對「產品價值」的理解，也將決定每個國家在二十一世紀後半段的經濟順位。

第三節
友岸外包與去風險化的供應鏈轉向

全球化的碎裂與價值取向的新共識

當「去全球化」的聲浪逐漸取代「全球整合」的思維，企業與國家面對供應鏈規劃時，開始不再單以「效率」為首要考量，而轉向以「風險控制」與「價值認同」為主軸。這場思維轉變，原本是一場潛移默化的演進，然而自從 2020 年疫情封城、2022 年俄烏戰爭爆發、2025 年美國關稅政策全面啟動後，這一切演變成一場突發且全面的供應鏈地緣重編。

在這個過程中，「友岸外包」（friend-shoring）成為企業與政策制定者口中的新顯學。所謂「友岸」，不只是地理鄰近，更指政治體制、價值觀與外交安全上能夠信任與合作的夥伴。換言之，供應鏈的重建不再是誰比較便宜，而是誰比較可靠。這一現象意味著：企業所依賴的生產基地將越來越少是基於低成本考量，而是與國家風險評估、政策協調能力與制度相容性密切綁定。

第二章　全球化的反向熵流：保護主義的新戰場

美國主導的供應鏈重構戰略

川普政府 2025 年重返白宮後，將「友岸外包」政策正式寫入對外貿易戰略，並啟動數個明確的產業轉移計畫，包括：晶片製造、關鍵藥品原料、稀土礦物精煉與軍用材料供應。這些措施雖然表面上仍以「重建美國製造」為名，實則透過盟國分工形式，在日、韓、臺、墨、越等地布建新型半封閉供應圈。

美國不再期望所有產業全面回流本土，而是更務實地建立「可信賴圈」的區域生產鏈，對內保有關鍵研發，對外維持產能與物流彈性。這種策略明顯反映出一種政治導向的供應鏈結構設計，也讓過去仰賴跨國分段效率分工的企業，必須調整其整合策略與營運邏輯。

台積電在亞利桑那州的建廠計畫，即是這場「友岸製造」理念的具體落實。美國希望將先進製程留在其本土，以減少對臺灣地緣風險的依賴，而台積電則透過技術切割與營運分層，試圖在保有核心能力的同時配合地緣政治需求。這樣的雙向調整，是未來十年供應鏈設計的主旋律。

歐洲與日本的供應鏈韌性政策

與美國相仿，歐洲與日本在面對中國崛起與全球貿易緊張局勢時，也提出了自有版本的供應鏈安全策略。歐盟於 2023 年透過《關鍵原物料法案》，要求成員國對於戰略性原料

> 第三節　友岸外包與去風險化的供應鏈轉向

需保有最低儲備並建立替代來源；而日本則大舉補助本國企業將製造基地轉移至東南亞或日韓互補體系中，強化地區間戰略互信與生產互補。

這些政策說明，各國皆認知到，若無法重建某種程度的「生產自主性」，在下次危機中將可能陷入物資斷鏈的險境。尤其在高科技領域，如先進製程晶片、醫療設備、能源模組與 AI 核心晶片，皆屬戰略物資範疇，任何中斷都不只是經濟問題，更是國家安全議題。

臺灣的角色轉換與轉型契機

臺灣在這場供應鏈重組之中扮演著微妙而重要的角色。一方面，作為科技製造的核心節點，特別是在半導體、光電模組與高端精密機械方面具有無可取代的地位；另一方面，臺灣長期位處地緣風險帶，又無明確的區域性貿易保護機制，使其在制度性安排上相對脆弱。

但正因如此，臺灣也同時擁有極高的轉型機會。若能主動提出具韌性的供應鏈計畫，例如與日韓建立高科技聯盟、與印度開發新製造中心、或與東南亞國家合作建立分工式模組產線，不僅可以降低地緣政治風險，也能在「友岸供應圈」中保有主動話語權。

許多臺灣企業已經開始進行布局。如鴻海與印度塔塔集

團合作設立 iPhone 組裝廠,聯電宣布與新加坡共同建立成熟製程園區,仁寶、可成等傳統製造業者亦將部分產能轉往泰國、越南與馬來西亞。這些策略不只是單純的「生產外移」,而是圍繞著制度信任、法規穩定與政治中立性所展開的供應鏈地緣調整。

「去風險化」不等於「去中國化」

值得強調的是,「友岸外包」與「去風險化」雖然常被誤解為「去中國化」,但實則兩者並不完全等同。許多跨國企業仍無法完全脫離中國市場的規模與生產能力,因此選擇的策略是「多軸布局」,即在維持中國業務的同時,開發至少一個或兩個可用於替代的生產與供應鏈節點,以減緩單點風險。

這種策略在半導體、汽車、消費電子與綠色能源產業中尤為明顯。全球龍頭企業如蘋果、特斯拉、ASML 等,皆保留中國市場作為銷售與次要組裝區,但其關鍵技術與供應備援體系則轉往臺灣、印度、墨西哥與歐洲。這些安排說明,「風險分散」成為新標準,全球產業分工已正式邁入「分層信任架構」時代。

臺灣企業若能掌握此一轉變邏輯,不僅可在新供應鏈秩序中維持核心價值,亦有機會透過制度整合與品牌再定位,在「友岸」與「可信任」這兩大資本邏輯中創造長期優勢。

第四節
新興強國的戰略自給與市場封閉

全球供應鏈的「外向」時代逐漸終結

長期以來,新興經濟體被視為全球化的最大受益者。他們擁有大量勞動力、土地與資源,加上對外資開放的態度,使這些國家迅速融入全球供應鏈體系,在低階製造、初級加工乃至高附加價值領域中取得了競爭優勢。然而,當全球經濟步入地緣競爭與制度分裂的新時代,這些「世界工廠」的角色不再那麼穩固。新興強國開始意識到,若只依賴外資投資與出口導向型發展,在全球政經不確定性日增的背景下,極可能被當作制裁的受害者與秩序的邊緣人。

於是,「戰略自給」成為這些國家新的政策主軸。這並非簡單的自給自足思維復興,而是一種有選擇、有層次的經濟結構內部化。換句話說,新興強國一方面仍保有對外貿易與投資合作的門戶,但同時也積極建立可內循環的經濟體系與生產能力,防止被制裁或被技術封鎖後無力反擊。

第二章　全球化的反向熵流：保護主義的新戰場

中國的「雙循環」戰略作為典範

這股戰略自給思潮的代表性案例，無疑來自中國。面對中美科技與貿易摩擦升溫，中國於 2020 年即提出「雙循環」戰略，強調以國內大循環為主體，國際循環為補充。這套戰略試圖減少對外依賴，強化國內市場規模與產業自主發展，特別在半導體、自動化設備、新能源與農糧安全等領域加速國產替代。

這種「以市場規模撐產業自主」的模式，也逐步演變為一種制度性封閉。例如：在數位經濟領域，中國強化了對境外資料流通的限制，實質上將其龐大網路平臺與資料資產鎖定於國內系統之中。同時，在電動車、5G 與人工智慧等新興產業方面，中國亦設定高比例的「國產化指標」，以利未來在遭遇國際斷鏈或禁運情境時，具備自給應變能力。

印度式自立經濟的再進化

與中國形成對照的是印度的「自主印度」（Make in India）政策。此政策起初著眼於吸引外資進駐、強化基礎建設與製造能力，近年則逐漸轉向內部供應鏈重組與關鍵產業扶植。2023 年後，印度政府祭出一系列補助與關稅保護政策，強化本土電子零組件、太陽能板、鋰電池與藥品原料的製造能力。

第四節　新興強國的戰略自給與市場封閉

更具體的是，印度對中國輸入的消費性電子與 App 進行嚴格審查與限制，並推動以印度公司為核心的替代產品發展。這不只是科技安全的考量，更是主權經濟的體現。對印度而言，只有在供應鏈關鍵節點建立起「本土可控」的替代方案，才能在未來的全球經濟衝突中確保戰略自主。

印度與臺灣的部分企業合作亦漸增，例如鴻海與塔塔集團合作在印度建立 iPhone 組裝基地，便是供應鏈去中國化與印度戰略自給思維交錯之下的實例。

巴西、印尼、南非等國的政策保護走向

其他新興強國也以各自的方式實施經濟內聚策略。巴西加強其農業技術獨立性並擴大稀土礦業開採自主化，限制外資對礦產出口價格的影響力；印尼於 2021 年起實施鎳礦出口禁令，強迫國際電池與鋼鐵廠必須在印尼設立本地精煉廠，藉此提升其全球供應鏈議價權；南非則透過地方採購法案強化國有企業對本土製造的優先採購權，目的在維持國內產業發展與就業穩定。

這些作法的共通點在於，新興強國並不全然反對全球化，而是選擇調整參與方式——不再單純接受全球市場的規則，而是主動提出自身的規格、條件與門檻。這種行為，實質上就是市場封閉的開端，只是以更柔性的制度語言包裝。

第二章　全球化的反向熵流：保護主義的新戰場

臺灣如何理解與因應新保護主義的多樣形式

對臺灣而言，新興強國的戰略自給不僅是出口市場的潛在萎縮，更是全球生產與競爭邏輯轉變的警訊。在這樣的趨勢中，臺灣過去仰賴的「全球價值鏈中高階代工」角色，恐將面臨被排除或邊緣化的風險。

例如：若未來印度與印尼持續提高進口替代門檻，臺灣的電子零組件與機械設備出口將面臨價格與合規性雙重挑戰。又如，中國若進一步強化其內部市場與供應鏈閉環，臺灣企業在對中業務上不僅要應對政治風險，也需承受來自「政策性封閉市場」的結構性障礙。

在此情勢下，臺灣必須轉變思維，從僅以成本、品質、交期作為競爭力，轉為強調制度合規、戰略合作與雙向投資的能力。未來若要進入這些封閉市場，將需要的不只是產品技術，還包括與當地政府的制度整合能力與社會責任履歷。

此外，臺灣也可考慮扮演「制度仲介」角色，協助新興市場接軌歐美規範。例如在碳排管理、資訊安全、半導體製造標準等領域，建立與歐盟或美國相容的技術平臺，再向新興國家輸出整合型解決方案，從而轉化封閉為合作，創造另一層次的價值鏈掌握力。

第五節
臺灣如何在地緣保護主義夾縫中求生

臺灣出口導向經濟的脆弱基礎

臺灣經濟高度依賴出口，在全球化高峰期建立起堅實的「世界工廠中樞型地位」，憑藉電子代工、精密零件、資訊通訊製造的優勢，深度嵌入國際供應鏈。這種模式曾讓臺灣在1990年代後期到2010年代中期獲得可觀的經濟紅利。然而，當全球供應鏈因疫情中斷、地緣政治升溫與價值觀重組而加速分裂，臺灣的外向型結構也首當其衝地面臨挑戰。

保護主義的抬頭不再只是遠方的政策聲明，而是直接影響臺灣企業的出口報關、關稅負擔、產線設計與投資流向。特別是在全球進入「制度封閉循環」的態勢下，缺乏自貿協定與國際制度保障的臺灣，更容易在這場全球重排戰略秩序的過程中，被視為無法長期承諾制度對接的高風險節點。

無協定的「孤島困境」

目前臺灣未能參與任何全球主要的區域經濟整合體系，包括 RCEP、CPTPP，與歐盟、美國也尚未簽署任何形式的

自由貿易協定。這種制度性缺席，使得臺灣在市場談判與貿易保障上的籌碼極為有限。當他國開始以制度為篩選機制，劃分可貿易對象時，臺灣即便具備產品競爭力，也可能因缺乏制度後盾而失去市場進入門票。

以近年歐盟啟動的 CBAM 為例，若臺灣無法盡快納入歐盟認可的碳揭露專案，臺灣出口的鋁材、機械、精密電子即可能因碳成本未內部化而遭到關稅懲罰。而在半導體與資安等高敏感產業領域，美國對供應鏈的友岸外包機制也使得未簽訂雙邊合作協議的國家被排除在「安全採購清單」之外。

這種制度性的孤立，不僅對企業造成營運上的不確定，也使得政府在與主要經濟體交涉時缺乏制度槓桿可用，必須依賴臨時協商與單向承諾，處境顯得格外被動。

應對轉型的雙路線：制度結盟與經濟再定錨

面對這種結構性挑戰，臺灣的出路不能只是擴張產能與調整出口項目，更需從制度架構層面展開反應。首先，政府需積極推進與主要貿易夥伴的雙邊協議談判，即使無法立即簽署正式 FTA，也應尋求「經濟合作架構協議」、「關鍵產業互認條款」等過渡性合作機制，以提供企業最低限度的制度安全。

其次，企業必須建立「制度感知能力」，不再僅關注產品

> 第五節　臺灣如何在地緣保護主義夾縫中求生

品質與價格,而需理解進入特定市場所需的認證標準、合規程序與政經趨勢。例如:在面對歐洲市場時,臺灣製造商需提前布局碳排管理、環境足跡揭露、ESG 報告體系等,以避免在新一輪制度收緊下被拒於門外。

同時,臺灣應從「出口導向型」經濟邏輯中,逐步引入「價值鏈再定錨」策略,主動設計臺灣在全球價值鏈中的不可替代功能。這意味著不僅是提供產品,而是提供「制度整合型解決方案」,如可供他國採納的資安模組、晶片產線技術輸出、智慧製造流程顧問服務等。唯有將自身從「加工者」轉型為「系統供應者」,臺灣才能在世界經濟碎片化的格局下取得穩固定位。

新形勢下的戰略縫隙與機會窗口

雖然臺灣在制度談判與資源掌控上不具優勢,但也因其靈活、技術密集且政治立場明確的特性,獲得部分西方國家對其供應鏈角色的高度信任。臺灣若能善用美日韓印四方在科技與安全上的聯盟關係,在特定領域內主動提出合作方案(如量子加密通訊、電動車供應鏈、疫苗冷鏈物流等),即有機會主導出某些小型但戰略性強的跨境生態系。

此外,臺灣的中小企業體系若能透過整合、數位轉型與共同品牌策略形成「制度聯盟」,也有可能突破個體競爭力不

足的困境,改以「可信任供應體」身分集體進入國際市場。政府在此過程中,應提供協調平臺與資金支持,協助企業跨部門合作完成法規對接與資料透明度建設。

保護主義時代的「韌性生存法則」

在這個制度碎裂、政策對撞與全球市場再區塊化的時代,臺灣無法奢望回到全球化高峰時期的無差別參與權。但這並不意味著只能被動等待或無聲退出。相反地,若能看清當前全球經濟正從「自由貿易邏輯」轉向「可信任秩序邏輯」,臺灣便有可能在這場競逐中以制度改革與價值導向重塑自身定位。

未來不是誰成本低、效率高就能贏,而是誰能證明自己是「值得被信任的夥伴」,誰就能進入被保護的市場圈層。而信任的建立,來自制度透明、資訊合規、技術領先與外交韌性。

臺灣的未來,將不取決於全球市場是否開放,而取決於臺灣是否準備好,做為一個在封閉邏輯中也能被接納的穩定節點。

第三章

科技圍堵戰：
晶片、數據與演算法的冷戰升級

第三章　科技圍堵戰：晶片、數據與演算法的冷戰升級

第一節
晶片即國防：摩爾定律的地緣意涵

科技冷戰下的矽基疆界

在當代國際戰略版圖中，晶片已不再是單純的電子元件，而是國家安全、經濟主權與全球秩序的核心象徵。每一枚晶片所承載的，不只是運算邏輯與電能流動，更是國與國之間權力競爭的具體化表現。在這場新冷戰中，晶片不只是現代產業的基石，更等同於軍備、外交乃至制度力量的延伸。

過去三十年間，摩爾定律不僅推動資訊產業飛躍發展，更無形中重塑了全球權力的轉移節奏。誰能掌握更小製程、更多電晶體、更高效能與更穩定供應的能力，誰就掌握了主導產業的未來節奏，甚至掌握了國際賽局的主導話語權。如今，美中對抗已將晶片從貿易名單推升為「戰略資產」，摩爾定律的進程也不再只是科技問題，而成為國防戰略的組成元素。

> 第一節　晶片即國防：摩爾定律的地緣意涵

晶片不是商品，是國力編碼的核心

美國於 2022 年通過的《晶片與科學法案》(CHIPS Act)，象徵著晶片產業已正式被納入國家安全架構之中。該法案不只是提供補助與研發資金，更代表一種國家意志的重新部署──要將先進製程與關鍵研發能力重新帶回美國本土，重建對晶片產業的主導與可控性。

在此同時，美國商務部與國防部也同步啟動對於先進製程設備、EDA 設計工具、極紫外光機臺與高效能運算晶片的全面出口管制，禁止美國企業向中國銷售相關產品或提供技術協助。這些措施表面上是為了維護科技競爭優勢，實則已構成實質上的「技術封鎖圍牆」。

而中國則在此壓力下加速投入資源發展本土晶片產業，強調國產替代、自主可控，並以國家補貼與軍民融合策略推動晶片研發體系。這樣的行為模式，使晶片產業不再由市場邏輯主導，而轉化為一種「國力競逐的編碼場域」。

摩爾定律的政治轉向與時間爭奪

摩爾定律原本只是觀察半導體技術進展的經驗法則，指出晶片上電晶體數量每 18～24 個月翻倍，導致效能增強與成本下降。但當這項技術發展速度成為國家與企業間角逐的節奏單位時，時間本身也被戰略化了。先進製程的推進不再

第三章　科技圍堵戰：晶片、數據與演算法的冷戰升級

只是科學突破的榮耀，而是能否在地緣政治上領先對手、打壓潛在競爭者的關鍵指標。

以台積電、三星、英特爾為例，彼此間爭奪 2 奈米、1.8 奈米製程的競爭，不只是技術比拚，更是各自背後國家戰略支持系統的延伸。這些企業不僅掌握全球運算心臟的節拍，也成為地緣政治交涉中不可或缺的「戰略資產」，其研發時程、廠區選址與人才流動，無一不成為國際關注焦點。

當摩爾定律不再只屬於實驗室與產業白皮書，而出現在外交談判、軍事預算與戰略白皮書中，它已不再是技術公式，而是國力競賽的時間刻度。

晶片武器化下的科技主權爭奪

科技主權（Technological Sovereignty）這一概念隨著晶片政治升溫而快速成形。對多數已開發國家而言，若無法掌控先進晶片設計能力與高端製程技術，便形同將自身資訊基礎建設、國防通訊與產業轉型的命脈交由他國決定，極易在關鍵時刻遭遇「斷鏈威脅」或「技術勒索」。

這種憂慮推動各國發展屬於自己的晶片主權路線圖。德國力推本土晶片聯盟，法國啟動半導體自主計畫，日本重啟與 Rapidus 合作的先進製程挑戰，皆是希望能在美中之間開闢出一條不受人操控的科技走廊。這些舉措雖短期內難以超越

第一節　晶片即國防：摩爾定律的地緣意涵

現有技術巨頭，但卻已構成「科技主權再國家化」的大潮流。

對開發中國家而言，則傾向透過與臺灣、韓國等科技強國合作，取得技術授權與製造外包資格，試圖穩固自身在地區供應鏈的節點地位。但這種策略也意味著對臺灣的技術依賴不降反升，使臺灣在技術主導與風險控管之間更需高度平衡。

臺灣的矽盾是戰略資產，還是風險負擔？

作為全球先進晶片的主要製造國，臺灣被譽為「矽盾」——意即其半導體產業的存在能夠為臺灣提供某種程度的戰略安全。然而，隨著晶片被明確地視為國防關鍵與地緣資產，這道「矽盾」也正逐步轉變為雙面刃。

一方面，世界主要經濟體對台積電等企業的依賴使得臺灣在國際談判中擁有難得的籌碼與影響力；但另一方面，這也使臺灣成為矛盾與競爭的焦點，無法脫離大國之間的戰略拉鋸。當美國要求技術移轉、建廠赴美，中國強調供應鏈一體化，而歐洲尋求技術合作與供應保障，臺灣不再是自由選擇的參與者，而成為各方拉扯的戰略目標。

臺灣如何在確保核心技術不流失、人才不外移的前提下，維持與盟國的合作關係與供應信任，將成為未來十年影響其產業自主與國家安全的最大挑戰。

第三章 科技圍堵戰：晶片、數據與演算法的冷戰升級

第二節　中美 AI 與數據戰爭：數位主權的抬頭

AI 戰場轉移：從技術競賽走向資料主權對決

隨著人工智慧技術快速突破語言理解、影像生成與決策模擬的邊界，AI 從工具變成了國力的延伸，更成為國與國之間新一輪「制度型競爭」的核心場域。這場戰爭的重點，不僅是誰的模型效能更高、參數更多，而是誰能決定資料如何被收集、模型如何被訓練、API 如何被開放，以及語意規則該依照誰的邏輯設計。換句話說，我們正處於一個 AI 主權浮現的時代。

對中美而言，這場 AI 爭霸早已從矽晶片層次躍升到資料與語言的戰略爭奪。中國以封閉但集中的資料治理體系擴張國內 AI 應用與平臺滲透力，美國則藉由開源生態與科技巨頭在全球部署 API 與雲端基礎建設，形塑出一個由資本與協議主導的語言霸權秩序。這場對決已不只是演算法優劣之爭，更是制度設計與價值輸出之戰。

> 第二節　中美 AI 與數據戰爭：數位主權的抬頭

DeepSeek 風暴：開源，還是滲透？

2025 年 3 月，中國人工智慧平臺 DeepSeek 在毫無預警的情況下，將其訓練於中英雙語語料的 64B 大型語言模型全數開源。這個舉動在短時間內吸引了全球開發者社群的關注與下載，甚至在多個英文論壇中被稱為「中國版的 LLaMA」。然而，這股開源風潮背後，很快引來美國國安界與科技界的高度警戒。

美國商務部及國會國安小組在數日內迅速展開調查，並發布警告指出，DeepSeek 可能藉由模型開源形式在海外植入審查邏輯、輸出特定敘事觀點，甚至在部分 API 設計中暗藏用戶行為回饋收集機制。緊接著，數十位美國資深開發者與學術機構共同簽署聯合聲明，呼籲西方國家建立「AI 模型來源與治理透明標章制度」，並加速制訂開源模型安全準則。

這場風暴最終促使美國限制來自中國的開源模型使用權與再訓練應用，歐盟則啟動臨時審查條款，禁止公部門在未透過信任評估前使用 DeepSeek 與類似模型。而這一事件，也正式讓全球認清：模型，不只是技術資產，而是一種結構性風險。

模型即國策：資料疆界的重劃與制度對抗

DeepSeek 事件並非孤例，而是全球 AI 治理戰略全面升級的催化劑。近年來，中國不斷強化對資料的封閉管理，從

第三章　科技圍堵戰：晶片、數據與演算法的冷戰升級

《中華人民共和國網絡安全法》、《中華人民共和國數據安全法》到《中華人民共和國個人信息保護法》，逐步形成「數據主權不可跨境」的原則。中國企業如百度、阿里、字節跳動皆須配合國家安全部門進行資料使用登記，並遵守對模型輸出的內容與邏輯審查機制。

相對而言，美國雖未建構聯邦級資料保護法，但透過企業主導的 API 部署，將美式開源模型（如 OpenAI、Anthropic、Meta 開源系列）滲透至各國教育、商務、醫療、軍事模擬等系統核心。這樣的開放策略雖鼓舞了創新與商業價值擴展，卻也引來對資料安全、倫理責任與演算法操控的高度爭議。

如今，「語料擁有權」、「模型來源透明度」與「跨境應用合法性」成為 AI 新時代的三大主權門檻。誰能定義這三道門，誰就擁有制度主導權。

AI 成為價值輸出與制度滲透的新工具

除了語料與演算法的控制，模型本身輸出的語意與行為，也正在被視為制度輸出工具。以聊天機器人為例，不同國家所部署的 AI 系統，其回應風格、價值立場與語言策略都深受背後的資料來源與政策導向影響。

中國的文心一言、通義千問、商湯日日新等模型，在內

第二節　中美 AI 與數據戰爭：數位主權的抬頭

部呈現出高度一致、政策對齊的內容設計，而外部版本則透過語意模糊與自動審查模組，保有國際介面但不放棄意識形態把關；美國模型雖開放度高，但也常被批評為反映出矽谷偏向進步自由派的社會觀點，忽略其他文化脈絡的包容性。

因此，模型的國際部署正在催生一場「語言冷戰」：不是比誰資料多，而是比誰能用演算法寫出更能傳播的故事。AI 成為新一代「敘事外交」的隱形武器，各國也正爭相打造自己的語言影響圈與認知安全帶。

臺灣在空窗政策下的模型風險暴露

在這場 AI 制度賽局中，臺灣處境尷尬。作為全球晶片與 AI 硬體供應重鎮，臺灣在模型算力、硬體製程與製造端仍具關鍵優勢；但在資料治理、模型法規與 AI 安全審查機制方面，卻嚴重落後國際標準。

目前，臺灣缺乏跨部會統一的 AI 資料審查制度，也無明確的模型風險分類架構，使得許多中小企業與新創無從判斷所使用的開源模型是否合法、是否存在國安或倫理爭議。更甚者，一些地方政府部門在無制度防火牆下，引入來自中國語系開源平臺的模型工具，導致機密資料或使用者行為資料有外洩風險的可能性。

這種治理真空，不僅使臺灣難以建立可信任的國際 AI 合

第三章　科技圍堵戰：晶片、數據與演算法的冷戰升級

作網絡，也讓本土模型開發者在尋求授權與資金支持時，面臨合規不確定風險而遭國際企業迴避。

臺灣的下一步：制度參與者，而非被管理對象

為了避免在這場 AI 冷戰中從「矽盾」變成「模型孤島」，臺灣急需啟動資料主權與模型治理法制建設。一方面應建立資料信託機構，整合企業資料安全與個資保護，建立合法授權語料的統一入口；另一方面，政府應盡快啟動「開源模型國際信任標章計畫」，與美、日、歐等國合作制定可信任語言模型的風險評級與行為標準。

此外，臺灣若能積極參與全球開源社群與 AI 協議擬定，提出可供國際採用的「中小型民主國家 AI 治理模式」，不僅能提升自身制度能見度，也可將技術優勢轉化為話語權，重新取得在技術話語全球化趨勢中的一席之地。

這不只是為了經濟發展，更是為了臺灣在資訊主權競技場中，仍能以信任為盾、以開放為劍，抵擋來自意識形態與資料壟斷的雙重侵蝕。

第三節　晶片四方聯盟：
臺、日、美、韓的科技同盟

從供應鏈同盟走向科技軍事聯盟的轉變

　　當全球進入以科技為主軸的地緣競爭時代，傳統以貿易與資本為基礎的國際合作模式已無法應對「供應鏈武器化」與「關鍵技術國安化」的新局面。於此情勢下，美國主導整合臺灣、日本與南韓三大科技強國，組成半導體戰略同盟，被媒體與智庫普遍稱為「晶片四方聯盟」（Chip 4 Alliance），成為2020年代中後期科技冷戰的最具代表性組織之一。

　　晶片四方聯盟的成立，不只是貿易政策上的策略調整，更象徵著供應鏈管理邁入「戰略安全架構」的新階段。該聯盟涵蓋的並不僅是技術共享與產能整合，更包括設備輸出管制、技術標準同步、人才交流、資訊安全協議，甚至進一步接軌軍工應用與資訊監控合作，將科技視為軍事部署與價值聯盟的一環。

第三章　科技圍堵戰：晶片、數據與演算法的冷戰升級

美國主導聯盟機制，臺灣居核心製造地位

晶片四方聯盟的推動者是美國國務院與國防部，其目的在於打造「可信任供應鏈圈」（Trusted Supply Chain Circle），擺脫對中國半導體材料、封裝、設備與製造的依賴。美國提供政策誘因與資金補助（如 CHIPS Act），希望吸引夥伴國企業赴美設廠，共同強化在美洲本土的晶片製造能力。

臺灣在此聯盟中占據舉足輕重的位置。以台積電為代表，臺灣不僅掌握全球 90% 以上的先進製程代工產能，也具備完整的上下游供應鏈整合經驗。美方多次強調，臺灣若無法穩定生產，全球晶片系統將面臨不可承受的風險。因此，美方一方面拉攏台積電赴美設廠，另一方面亦透過軍事合作、供應鏈安全協議等方式，提升對臺灣的戰略保護承諾。

然而，這種合作的同時也伴隨壓力。例如：台積電在亞利桑那建廠進度多次延宕，部分原因在於技術工人短缺與生產文化差異，但背後也包含美方希望取得製程技術細節與人力轉移的隱性期待。臺灣如何在保有核心競爭力與回應盟邦戰略需求之間取得平衡，成為晶片四方聯盟合作下的一大課題。

日本與南韓的補位角色與戰略焦慮

在晶片四方聯盟中，日本與南韓主要負責高階材料（如光阻劑、氟化氣體）與部份半導體設備供應。日本擁有強大

第三節　晶片四方聯盟：臺、日、美、韓的科技同盟

的材料科學基礎，而南韓則是全球記憶體晶片的龍頭，兩者在聯盟中扮演關鍵但非決策性角色。

日本政府積極透過補助政策與法令調整，促進東京電子、信越化學等大廠配合政策將供應鏈限制於聯盟成員範圍內。2024 年起，日本更與美國共同設立 AI 與量子晶片研究基金，顯示出從製造走向基礎研究的政策轉型。

南韓則態度相對謹慎，一方面希望維持與美方的合作與軍事安全協定，另一方面也顧慮到與中國深厚的產業互賴關係。三星與 SK 海力士至今仍在中國設有大型工廠，如何在聯盟規範與中國市場需求之間保持靈活操作，是韓國企業外交實力的考驗。

陣營化的產業架構與全球秩序重寫

晶片四方聯盟的形成象徵著全球半導體產業正式進入「陣營化」時代。若說過去全球半導體產業是由技術驅動、市場配置主導，那麼今日則是由國安部門策動、價值聯盟綁定。技術共享不再只是商業協議，而是需經過國防授權與資安審查的政治過程。

更進一步，聯盟成員已開始透過「技術標準制定」、「出口管制名單同步」、「外資投資審查制度」等政策工具，將晶片生產從開放系統中分割出來，轉為封閉圈運作。這對中國

第三章　科技圍堵戰：晶片、數據與演算法的冷戰升級

與未參與聯盟的國家形成制度性障礙，也進一步將全球科技秩序重寫為「價值區塊體系」。

對非聯盟國家而言，若欲進入高階晶片供應體系，勢必需接受聯盟所制定的技術規格、安全稽核與資料治理準則，甚至需交出部分國內市場資料或設立外部監控節點。這使得「技術中立」的空間逐漸消失，而「技術選邊」則成為多數中型經濟體的無奈選項。

臺灣的機會與風險並存

對臺灣而言，晶片四方聯盟既是戰略保障，也是風險累積之處。一方面，聯盟的存在強化了臺灣在美國戰略體系中的重要性，提升了安全關注度與經濟合作深度；但另一方面，這也讓臺灣失去某些在國際貿易中的機動性與技術自主空間。

例如：當美國要求臺灣提供供應鏈透明報告、交出技術來源與客戶資料時，企業便陷入合規與商業機密保護的矛盾之中。再者，人才外流與關鍵設備出口限制，也使得臺灣在發展自身新興製程與創新技術上面臨越來越多無形牽制。

因此，臺灣未來必須在參與聯盟的同時，建構起自己的技術主權防線。這包括：建立自主研發能量的政策誘因、保護本地人才流動的制度架構、推動國際化但不外流的開放創

第三節　晶片四方聯盟：臺、日、美、韓的科技同盟

新環境,以及建立「可被信任、但不被左右」的夥伴形象。唯有如此,臺灣才能在這場晶片冷戰中,從「被需求者」轉化為「可主導者」。

第四節
科技禁運下的逆向創新與灰色供應鏈

禁運不再全面封鎖，而是精準打擊

在冷戰時期的記憶中，科技禁運總是與鐵幕、出口封鎖、東西對抗這些名詞並存；然而，到了 2020 年代，科技禁運的形式與邏輯已經發生根本轉變。如今的禁運，不再是一刀切的商品全面封鎖，而是更為精準、動態且彈性的控制手段。它針對的不是成品，而是整個「技術路徑」，目標也不再是貿易中止本身，而是延緩、控制與封鎖競爭對手的升級步伐。

這種策略性技術圍堵的代表性做法，便是美國對中國 AI 與半導體產業祭出的出口管制命令：禁止向特定機構提供 7 奈米以下晶片與設備、限制 EDA 軟體升級、限制 GPU 雲端租用與 API 存取、要求美國公民不得參與特定開發專案。這些政策的本質是延宕與去耦，不再是「不讓你買」，而是「讓你慢一步、永遠追不上」。

但禁運從來不是單向的決定。歷史證明，所有被封鎖的一方，往往會在制度壓力下發展出一套特殊的生存機制——這就是逆向創新與灰色供應鏈所誕生的溫床。

第四節　科技禁運下的逆向創新與灰色供應鏈

逆向創新：在壓力中強化自給能力

逆向創新，原意是指先進市場開發出的技術被簡化、成本優化後再向開發中市場回輸，但在當代禁運語境中，它的意涵已轉向為「在外部封鎖下，內部重構技術路徑」。這是一種強迫型技術自主進程，往往不是在自由市場條件下產生，而是透過戰略主導與政策資源所催生。

中國就是當前最具代表性的逆向創新國家。自美國開始對其晶片產業進行封鎖後，中國政府投入數千億人民幣扶植替代技術，包括設計、製造、封測、材料與設備等各個環節。雖然短期內仍無法達成全面國產化，但在記憶體、低階邏輯晶片與功率半導體方面，已有若干成果可供內部使用並出口至對美依賴度低的地區。

更值得關注的是，中國正在發展具獨立演算法邏輯與非美框架的 EDA 設計環境與作業系統，試圖建立一條去美化的技術主權路線。這些成果即便不如國際標準先進，卻已足以滿足國內需求，並在部分非西方國家市場中取得競爭位置。

灰色供應鏈：制度真空中的市場替代

與逆向創新相輔相成的，則是所謂「灰色供應鏈」的發展。這是一種不屬於完全合法、但也難以直接定義為非法的供應網絡。其特徵是透過第三地中轉、代工再包裝、商業外

第三章　科技圍堵戰：晶片、數據與演算法的冷戰升級

包與品牌分拆等方式，讓原本被禁運的技術以另一種形式繼續流動。

以 GPU 為例，美國雖限制 NVIDIA 等企業對中國輸出 A100/H100 等高階 AI 加速卡，但中國業者仍能透過阿聯酋、新加坡與部分中亞地區的企業取得改版型號，再以私人雲端集群方式建置可用算力池。這些行為不易被直接追蹤，且供應鏈斷點分散，不易以政策一刀切封鎖。

此外，一些第三國的設計公司會承接中國晶片業者的模組化設計任務，再由非美籍工程師進行代工與驗證，形成「規避美國人力參與」的合規模式。這類供應鏈在中東、東南亞與部分非洲市場尤為活躍，成為當今科技冷戰下新的灰色地帶。

國際制度如何應對灰色技術轉移？

面對這種既不完全違法、又確實對抗禁運意圖的灰色供應鏈體系，現有國際制度顯得力不從心。WTO 對於技術限制與安全考量的規範仍停留在 20 世紀初的架構，而《關於常規武器與兩用產品和技術出口控制的瓦聖納協定》(The Wassenaar Arrangement on Export Controls for Conventional Arms and Dual-Use Good and Technologies) 等多邊出口管制機制也面臨參與國立場分歧與執行意願不足的問題。

第四節　科技禁運下的逆向創新與灰色供應鏈

於是，美國與歐盟轉而推動所謂「技術民主夥伴制」——透過政治認同與安全共識來整合出口管制名單與執行協定。這種作法雖然可加強封鎖效果，但也進一步擴大制度外部的技術合作空間，變相刺激更多非西方國家選擇「不依附」策略，轉向自主研發或與中俄進行技術交換。

更具挑戰性的是，部分新興科技如量子運算、生物計算、腦機介面等尚未納入明確的國際禁運清單，而這些正是未來 10～20 年內技術競逐的核心領域。如果制度更新速度跟不上技術演進，那麼禁運的邊界將愈發模糊，而灰色供應鏈的存活空間將愈加廣闊。

臺灣的政策抉擇與風險控管

身處晶片供應鏈頂端的臺灣，在科技禁運與逆向創新雙重壓力下，面臨極為棘手的抉擇。一方面，臺灣企業如台積電、聯發科等需與美國深度合作並遵守出口規範；另一方面，亦不得不與部分灰色供應鏈環節有所接觸，特別是在第三地區業務布局與轉口訂單處理上。

這樣的處境讓臺灣同時成為科技透明制度的守門者，也成為國際監管壓力下的高風險熱點。若無完善的合規審查機制與跨境資料交換協議，企業可能在無意間觸犯出口限制條款，導致重罰或聲譽受損。相對地，若過度自我限制，則可

能在國際競爭中喪失市場彈性與開發速度。

因此,臺灣需建立一套以「合規為底線、彈性為原則」的科技出口政策架構,結合產業外部稽核、政府授權標章與高敏感產品追蹤系統,同時主動向主要盟國展示治理能力與透明意願,以確保能長期留在可信任的供應鏈核心圈中,而非被邊緣化。

第五節
臺灣的技術中立與人才掠奪困境

技術中立的神話與現實之間的落差

過去二十年，臺灣在全球科技產業中的定位，一直建立在「技術中立」的假設之上。臺灣不參與軍事同盟、不簽署地緣排他性科技條約，但透過高度專業的製造技術與穩定的供應能力，成功讓各大國家與企業將臺灣視為「可信任的中立節點」。這樣的策略在全球化高峰時期效果顯著，使臺灣能同時服務中國與美國、同時供貨給蘋果與華為，並在矽盾論述下獲得戰略緩衝地位。

然而，當全球科技進入「價值陣營化」與「制度選邊化」的階段，技術中立的空間正在快速萎縮。晶片不再只是運算單元，而是軍事武器的基礎構成；演算法不只是服務工具，而是敘事控制的再生結構；平臺不只是商業中介，而是資料戰爭的主戰場。當科技即政治，技術中立就不再純粹，也無法被單方面宣稱。

在這個大背景下，臺灣面臨一個核心問題：若不主動選邊，就會被動捲入；若選邊不慎，則可能同時失去兩邊市場。

第三章　科技圍堵戰：晶片、數據與演算法的冷戰升級

這不是意識形態上的困境，而是產業生態與人才資本的結構性難題。

被各國搶奪的人才資源，成為無聲的國安戰場

隨著美中科技對抗加劇，全球進入一場新形式的「科技人才冷戰」。不像傳統的軍事情報戰依賴間諜與情報滲透，今日的爭奪戰早已轉向合法化、制度化的管道：學術合作、產業聯盟、技術移轉協議、綠卡優惠、科技簽證、創投支持與研究資助。

臺灣的科技人才，特別是半導體與 AI 工程領域的中高階技術人員，正成為美、日、韓與中國企業極力網羅的對象。美國《晶片與科學法》配套移民政策中明定鼓勵半導體人才赴美工作、並給予家屬永久居留權；中國則透過設立「海外高端人才引進計畫」與「回流創業補貼基金」，吸引離岸臺灣人才以合資形式參與本土新創；日本與新加坡則以稅賦優惠、全額住宿補貼與國際學校配套招攬臺灣工程師。

這些手段未必涉及非法挖角，但在制度缺乏的情況下，卻造成臺灣技術核心逐漸被外部系統解構與吸收。更令人憂心的是，這類人才移動極具隱蔽性與不可逆性——一旦核心製程、關鍵設計或平臺知識外流，即使企業本體仍留在臺灣，實質競爭力與市場籌碼也將隨之流失。

第五節　臺灣的技術中立與人才掠奪困境

臺灣高等教育與產業訓練體系的失衡

造成臺灣人才外流的根本因素，不僅是外部誘因強大，更源於本地培育體系與就業結構之間的失衡。多年來，臺灣科技教育制度成功培養大量工程基層與中階研發人力，但在高端創新、AI 研究、演算法設計、資安架構等領域，缺乏足夠的跨域培養與深層資源投入。

同時，臺灣科技業者普遍仰賴 OEM 代工邏輯，對創新型研究資金投入有限，使得人才晉升管道受限，研究自由度不足。當國際市場提出更具挑戰性的題目與更自由的實驗場域時，年輕工程師自然傾向出走，追求更高的技術影響力與職涯自主性。

更嚴重的是，臺灣對於離岸工作、遠端開發與人才兼職等新型就業形態尚未建立監管架構，導致許多關鍵技術人員同時為外國企業進行研發與參與模型訓練，卻無任何審查或授權程序。這不僅使得人才成為可被切割的資源，也讓臺灣政府與企業在數位國安層面出現重大制度空白。

技術主權不只在於製造，還在於人力掌控與創新信任

若說晶片是科技戰爭的物理核心，那麼人就是它的制度心臟。沒有穩定的技術社群與人才生態，製造能力終將失去

第三章　科技圍堵戰：晶片、數據與演算法的冷戰升級

升級引擎；若沒有創新者對本地制度的信任，產業升級將淪為空談。

因此，臺灣必須儘速建立屬於自己的「科技人才主權體系」，具體包括：

- 設立國家級高階技術信託制度，追蹤與管理重要人才離岸工作與知識外移；
- 擴大與歐美日韓在研發資助、共同博士計畫與技術創投上的對等合作，創造本地留任誘因；
- 推動以「研發信託模式」為核心的產學聯盟，讓技術創新不再只有薪水比較，而有長期聲譽與貢獻積分的制度紅利；
- 建構與國際接軌的科技倫理與資料治理訓練，提升臺灣工程師在全球科技治理框架中的制度適應能力。

唯有讓人才留下來，也願意主動參與制度改革，臺灣才能在這場冷戰式的科技重組中，不只是硬體的承包商，更是創新的共同策動者。

中立不是退縮，而是重新定義參與方式

面對技術地緣化、制度封鎖與人才掠奪的三重挑戰，臺灣不能再依賴過去那套「市場換取中立」的戰略假設。中立若

> 第五節　臺灣的技術中立與人才掠奪困境

無制度支撐與價值輸出能力,只會成為邊緣化的代名詞。而真正有效的中立,應該是:在夠強的制度底下,讓他國相信你值得合作,而不是在真空中等待善意。

臺灣不需要選邊站,但需要建立能在兩邊之間活得穩、活得久、活得有影響力的治理機制。唯有如此,才能在未來科技戰爭裡,既保有主權,也具備話語權。

第三章　科技圍堵戰：晶片、數據與演算法的冷戰升級

第四章

能源與資源的重分配戰：
掌握關鍵礦產者掌控未來

第四章　能源與資源的重分配戰：掌握關鍵礦產者掌控未來

第一節
電動車爭奪戰背後的鋰鈷戰爭

電動化不是轉型，而是重新奪礦的起點

電動車被譽為二十一世紀的綠色轉型代表，但其背後的供應鏈實則構築在極為有限與集中度極高的關鍵礦產資源之上，尤其是鋰與鈷。從電池陰極材料的配比、充電效率，到續航穩定性與使用壽命，鋰與鈷的品質與產量，直接決定一輛電動車的戰略價值。而當全球主要汽車廠與科技巨頭紛紛將「全面電動化」寫入五年計畫之際，對這兩種金屬的需求也以倍數激增，進而推動一場看不見硝煙、卻更為殘酷的「地質資源奪取戰」。

這場戰爭不是產業內部的競爭，而是圍繞於誰能掌控礦源開採、誰能壟斷精煉技術、誰能締結穩定供應協議的國際資源政治對抗。換言之，電動化不是轉型，而是一場重新奪礦、奪權、奪市場話語權的戰略行動。

第一節　電動車爭奪戰背後的鋰鈷戰爭

鋰：白色石油的新冷戰符號

鋰被稱為「白色石油」並非誇張。全球鋰儲量高度集中於拉丁美洲「鋰三角」──阿根廷、玻利維亞與智利，同時澳洲與中國為主要開採與精煉基地。目前全球逾七成鋰原料仍需經中國精煉才能進入商業供應鏈，這讓鋰產業結構成為美中地緣競爭的新交會點。

在這場競爭中，美國試圖透過對中限制與自建精煉產業鏈擺脫依賴。拜登政府除提供數十億美元補助推動本土鋰開採與回收技術，也透過《通膨削減法案》(IRA)要求所有進入美國市場的電動車必須符合「友岸鋰來源」比例，實質排除中國供應鏈的參與空間。

反觀中國則加大對拉丁美洲的投資，透過國企如天齊鋰業與贛鋒鋰業參與阿根廷、智利多處鋰礦開發計畫，同時提供基礎建設貸款與出口市場交換條件，擴張其鋰地緣政治影響力。美中雙方的「鋰外交」，正逐步演化為一場資源版圖的再分配。

鈷：從剝削型供應鏈到戰略型布局的轉變

鈷在電動車電池中主要負責穩定電壓與提升續航，但其供應鏈的倫理爭議遠大於技術討論。全球超過七成的鈷來自剛果，其中大部分為人工礦坑開採，涉及高度的童工、危安

與環境破壞問題。這使得鈷成為最容易被批評、卻最難替代的材料之一。

在供應穩定與道德壓力之間，歐美企業開始尋求鈷的替代來源，如印尼、澳洲與加拿大，並與礦業公司簽署長期協議。同時，特斯拉、福斯等汽車品牌也投資開發無鈷電池與固態電池技術，試圖以技術升級避開鈷爭議。

中國則早在 2000 年代便掌握剛果鈷礦近半控制權，並在地設立精煉廠與物流體系。這種縱向整合的控制方式，使中國在鈷供應議價上具絕對優勢，也讓歐美企業在「道德考量」與「現實需求」之間面臨兩難。禁用鈷等於失去穩定供應，繼續使用則面對品牌形象損傷。

亞洲企業的供應鏈重編與戰略困局

臺灣、韓國與日本的電池與車用電子產業發展早、規模大，但面對鋰鈷供應不穩與來源政治化，也不得不進行新一輪的供應鏈重編。韓國 LG Energy Solution 與日本 Panasonic 開始積極投資北美與印尼鋰鈷礦，並建立自主精煉基地。臺灣則在材料產業仍多仰賴中國加工出口，風險分散與來源追溯能力尚未全面建立。

以臺灣為例，多數電池原料透過中國廠商再包裝轉出，真正來自礦場的一手資料難以溯源，也無國家級制度掌握來

> 第一節　電動車爭奪戰背後的鋰鈷戰爭

源與合規程度。這對臺灣未來若欲成為美國市場電動車供應鏈一環，將構成重大阻力。若不建立自有認證體系與碳足跡透明鏈，可能在 CBAM 與 IRA 等制度牽制下失去市場准入資格。

資源民族主義與產地政局的不確定性

資源產地的不穩定性也是供應鏈規劃者的夢魘。2023 年阿根廷左翼政權宣布重新審核鋰礦開發協議，引發外資恐慌；2024 年印尼政府再度暫停部分鈷出口以保留精煉附加價值；2025 年初，剛果內戰蔓延至主要鈷礦區域，迫使多家歐洲企業中斷採購協議，臨時轉向更高價的澳洲貨源。

這些地緣事件突顯出一件事：資源控制權正在回歸「國家手中」，跨國企業不再能單憑資金與技術進行全球採購，而必須與政府、軍隊、民間勢力協商共存。資源民族主義不再只是抗議口號，而是實際改寫全球供應鏈邏輯的政策主軸。

電動車的未來，
不只是綠色，而是地緣政治的延伸

雖然電動車被包裝為「減碳」與「淨零」的希望象徵，但其供應鏈背後其實是另一場資源控制與制度重寫的角力賽。未來的電動車市場，不會只是誰造得更便宜、跑得更遠，而

第四章　能源與資源的重分配戰：掌握關鍵礦產者掌控未來

是誰擁有最穩定的鋰鈷來源、誰能符合市場碳稅與資料認證制度、誰能在地緣風險下保持供應不中斷。

而這場角力的終點，將不是產線的先後，而是制度與資源的同步控制力。掌握原料者，才是未來產業規則的書寫者。

第二節
俄烏戰爭後的能源秩序再建

能源與礦產主權：
從國際合作退回地緣攻防

自 2022 年俄烏戰爭爆發以來，全球能源市場發生根本轉變。歐洲從俄羅斯天然氣的深度依賴中急轉彎，積極發展再生能源與多元進口機制；中國則趁隙以優惠條件加快能源與礦產資源布局；美國則不僅從戰略儲備中釋出原油，更進一步推動一場「民主國家能源聯盟」的戰略構想，試圖藉此穩固其在全球供應鏈中的控制力。

但比能源更重要的，是烏克蘭所蘊藏的大量關鍵礦產，尤其是稀土金屬、鋰礦與鎂礦。這些原本低調的戰略資源，在戰爭的摧殘與地緣拉扯中，逐漸被拉上外交與安全談判的第一線。此時，一場看似是「援助與防衛」的政治爭端，實則是一場關於礦產主權與技術霸權的權力角力。

第四章　能源與資源的重分配戰：掌握關鍵礦產者掌控未來

澤倫斯基與川普的「白宮之爭」：援助對價的地質對話

2025 年 2 月，一場震撼國際的外交爭執在白宮上演。烏克蘭總統澤倫斯基赴美會晤川普，原意是為了爭取新一輪軍援與防空系統支持，卻在會談中因「稀土礦產開發權歸屬問題」與川普爆發激烈爭執。根據美媒《政客》(Politico)披露，川普在會議中明白表示：「美國為何要為烏克蘭出錢出武器，卻讓中國或歐盟掌握烏克蘭的鋰礦與稀土？你若要援助，就把礦交出來。」

澤倫斯基則回應：「烏克蘭不是誰的礦場，我們不是因為稀土才抗戰，我們為的是自由。」雙方一度情緒激動，傳出川普在會議中拍桌離席，澤倫斯基則拒絕在礦產開發 MOU 上簽字。會後，烏克蘭代表團取消了與洛克希德·馬丁的後續軍工會談，顯示這場爭端已非單一事件，而是一場制度價值與資源主權的直接碰撞。

這場「白宮之爭」讓外界驚覺，在全球供應鏈重整與能源轉向之際，烏克蘭不再只是戰略緩衝國，更是未來關鍵礦產分布地圖中的制高點。

第二節　俄烏戰爭後的能源秩序再建

烏克蘭：
歐洲新稀土核心？還是美中拉鋸之地？

根據烏克蘭地質調查署資料，該國境內擁有歐洲最大規模的鋰礦儲量、多處未開發的稀土氧化物礦帶，以及豐富的鈦、釩與錳礦，對於電動車、軍事科技、風力發電與高端製造產業具有極高戰略價值。

2023 年後，歐盟啟動「烏克蘭戰後重建合作計畫」，其中包含「關鍵礦產共開發條款」，試圖確保歐洲可優先獲取烏克蘭境內礦產；但美國則希望由其企業，如 MP Materials、Livent 等進駐烏克蘭，以換取更高比例的產出分配。中國方面，則透過中亞國家與企業間接持股烏克蘭本地礦權公司，構成另類滲透布局。

烏克蘭雖地處戰火前線，卻因此成為「地緣資源的多方爭奪地」。它一邊接受來自歐盟的綠色轉型援助，一邊面對美方的地質投資壓力，同時不得不提防來自中國與俄羅斯的後門通路。在這種高壓夾擊下，澤倫斯基政府強調「礦產主權」與「透明競標」，但國際社會早已看清，這些資源的掌控，遠比人道援助與戰略協議更具制度影響力。

第四章　能源與資源的重分配戰：掌握關鍵礦產者掌控未來

能源重建＝資源再分配的新型殖民？

戰後烏克蘭的能源重建，表面上由歐盟主導、世界銀行出資、美國技術支援，但實際運作中卻充滿資源分配的殖民邏輯：誰擁有礦產開發許可證，誰就能掌控產線外移決策與後續技術授權；誰能取得出口優先權，誰就可主導稀土市場報價與碳稅轉嫁；而誰提供安全保障，就擁有設施保護與基地調度權。

這套遊戲規則看似以「援助」為名，實則是以「控制資源」為實，並將烏克蘭內部戰後治理機構逐步制度化納入國際資源體系之中。若說十九世紀的殖民以土地與勞動為核心，那麼二十一世紀的新殖民，則是以能源技術與稀土金屬為籌碼重寫主權與秩序。

臺灣視角：我們在這場能源地緣戰裡的定位？

臺灣並不擁有可觀的天然資源，但卻高度仰賴鋰、鈷、稀土等進口礦產以支撐電池、晶片、光電與軍用電子等核心產業。臺灣目前的主要進口來源仍集中於中國、印尼與中東地區，政治風險與報價不穩問題日益嚴重。

烏克蘭戰後若成為歐洲稀土新中心，將牽動臺灣中下游產業的採購政策與供應鏈穩定性。目前已有部分臺商透過歐洲企業間接取得烏克蘭的原料配額，但因無正式雙邊協定，

第二節　俄烏戰爭後的能源秩序再建

始終存在不確定性。未來若美方將其對烏政策納入供應鏈協調框架，臺灣是否有能力與歐盟共同開發、協商優先分配權？政府是否應主動參與烏克蘭戰後產業重建平臺，爭取綠色材料的長期穩定來源？

這些問題背後的關鍵在於：臺灣若無法提早建立能源戰略外交與礦產協定機制，就會在下一輪技術升級中落入「原料受制於人」的困境。

戰爭後的不只是和平，而是誰寫資源的新秩序

烏克蘭戰後的能源重建與稀土分配問題，不只是戰後重建項目的一環，而是一場全球資源秩序的再洗牌。川普與澤倫斯基的爭執，揭露的不只是兩人之間的政治矛盾，而是背後美國對於「出錢就要換資源」的硬邏輯，而澤倫斯基的抵抗，則是弱國對資源主權的最後堅守。

這場爭奪，不只是烏克蘭一國的命運，而將影響全球能源轉型的格局與未來電動車、晶片與先進製造的成本基準。而臺灣若要在新地緣能源秩序中生存，不能只是做觀察者，更應是參與協商者與價值創造者。

第四章　能源與資源的重分配戰：掌握關鍵礦產者掌控未來

第三節
OPEC+、美國頁岩油與再生能源競局

石油霸權的裂解與重組：從中東到北美的拉鋸

能源從來不是單純的市場問題，而是權力分配的縮影。自 1970 年代石油危機後，中東石油輸出國組織（OPEC）便成為全球能源價格的核心節點。而近年俄羅斯主動加入並與沙烏地阿拉伯形成「OPEC+」機制後，這個組織不再僅是價格調節工具，而升級為政治聯盟與能源武器聯合體。俄烏戰爭爆發後，OPEC+ 透過削減供給影響歐洲能源價格，證明其仍擁有毀滅性地緣工具的角色。

然而，同一時期美國頁岩油產業也完成了從量產到戰略出口的角色轉變。憑藉水力壓裂技術，美國從原本的能源進口國躍升為出口大國，並透過 LNG（液化天然氣）與 WTI 原油出口合約重塑全球價格話語權。美國的能源不再僅供應國內，而是成為外交工具與地緣籌碼，輸往歐洲以取代俄氣，輸往亞洲以牽制中東供應依賴。

> 第三節　OPEC+、美國頁岩油與再生能源競局

中美之間的石油影響力競爭，不再是產能之爭，而是合約結構、金融槓桿與地緣排他條款的競爭——誰能主導出口通道、誰能主導計價幣別、誰能為危機時刻提供替代資源保障，誰就能在能源賽局中取得領導地位。

OPEC+ 的戰略布局與政治交換術

OPEC+ 目前最大的戰略手段不在於持續擴產，而在於有節奏地「減產談判」。每一次公開減產聲明都會引發市場價格反彈，使成員國受益。而這種操作方式，也讓 OPEC+ 變成一種「減產聯盟」，以預期心理操控全球能源市場。

其中沙烏地阿拉伯與俄羅斯的協調合作極具指標性。沙國作為核心出口國，透過油價控制影響美國頁岩企業投資意願；而俄羅斯則將能源出口作為其外交對抗歐盟與北約的槓桿。兩者配合不僅限於減產，也延伸至開發中國家的政治斡旋，例如提供低價原油給非洲或南亞，換取在聯合國或 WTO 表決中支持反美立場。

而對中國而言，OPEC+ 的穩定供應成為其對抗西方能源控制的底層保障，雙方在金融與基建領域合作也日益加深。這種非契約式的政治交易，在全球制度鬆動的背景下，反而顯得靈活且高效。

第四章　能源與資源的重分配戰：掌握關鍵礦產者掌控未來

美國頁岩油的反攻與出口擴張戰略

在 OPEC+ 之外，美國的能源外交則以「市場化替代品」的名義進行地緣穿透。美國頁岩油業者如雪佛龍、埃克森美孚、西方石油等，在 2022 年後大幅擴大海外供應合約，並在歐洲天然氣斷供危機中提供 LNG 緊急支援，由此強化與歐洲各國的能源連繫。

為了進一步拉攏亞洲市場，美國於 2024 年推動成立「印太能源安全協議」（IPESA），與日韓澳建立天然氣與氫能儲備共享平臺，並在印尼與馬來西亞建設海上能源接收終端，以減少東南亞對中東與俄羅斯的進口依賴。

美國頁岩油的優勢，在於能快速調整產量與價格，配合外交議程彈性極高。但其脆弱點則在於投資週期短、受利率與碳排法規敏感度高，一旦資金緊縮或民主黨政策轉向，即可能再度陷入結構性壓力。因此，美國能源的可依賴性高，但政治穩定性與企業長期供應承諾卻備受挑戰。

再生能源夾縫中崛起，但難以擺脫戰略邏輯

面對傳統能源政治化加劇，各國雖積極發展再生能源以自救，但綠能系統本身亦逐步陷入「新型地緣競爭」。太陽能板關鍵原料多數來自中國、新能源車電池依賴東南亞與非洲礦產、風機核心部件則掌握在少數歐洲企業手中──這些產

> 第三節　OPEC+、美國頁岩油與再生能源競局

業雖名為乾淨能源，實則仍繫於全球供應鏈與政治氣候的聯動之中。

同時，風能與氫能等大型綠能計畫對於地理條件與政府穩定性要求極高，因此在開發中國家反而更難迅速展開。2025 年非洲與南美多國的綠能發電案因政變或投資糾紛而中止，使得歐美與日韓企業損失慘重，證明再生能源並非脫鉤選項，而是需要更強治理與制度框架的新領域。

臺灣的能源困局：從供應依賴到國安風險

臺灣在國際能源秩序中的角色，始終處於一種高度脆弱且戰略尷尬的境地。由於本地缺乏油氣與礦產資源，臺灣能源結構長期呈現對外依賴態勢，進口依賴率幾乎高達百分之百。與此同時，臺灣的半導體產業卻被視為全球科技鏈的心臟，極度仰賴能源穩定、電力連續與供應不中斷。這種結構性矛盾，讓能源問題不再只是經濟議題，而早已升格為國安等級的核心戰略挑戰。

目前臺灣的能源主要依賴中東進口原油以及東南亞供應的液化天然氣，與 OPEC+ 的產量調控、價格波動及外交政策緊密掛鉤。若中東地區因伊朗、以色列衝突再度爆發戰事，或中美關係進一步緊張，臺灣的海上能源運輸線 (SLOC, Sea Lines of Communication) 將首當其衝，暴露於地緣風險之下。一旦發生封鎖、延誤或遭遇能源勒索，對臺灣國內工業用

電、民生電價乃至外交談判籌碼,都將產生極大壓力。

政府雖積極推動能源轉型,包括離岸風電與太陽光電,但這些綠能方案在實務推動上面臨三重困難:

- 其一,臺灣土地面積有限,具備商業化條件的建置地點稀少;
- 其二,風電與太陽能投資門檻高、開發週期長,民間企業參與仍有所顧慮;
- 其三,能源政策本身牽涉中央與地方權責交錯、環評制度繁瑣,導致進展不如預期。

更關鍵的是,臺灣的再生能源建設高度依賴進口設備與歐洲技術授權,無論風機主體、關鍵零件或碳排交易認證制度,多仰賴歐盟法規與國際廠商主導。一旦歐洲政策轉變、技術輸出限制升級,或因碳稅制度進入新規格架構(如CBAM),臺灣綠能自主性的脆弱程度將進一步惡化。

然而,近期出現一項關鍵性的戰略突破。根據 2025 年初美日韓與臺灣的能源會談進展,各國正研議以阿拉斯加為天然氣出口基地,鋪設遠距海底管線或大型液化運輸艦隊直供亞洲,建構一條「去中東化」的北太平洋清潔能源通道。此一構想若能落地,將大幅改寫東亞能源地緣結構,臺灣亦有機會從過度依賴中東,轉向與民主國家建立能源安全聯盟。

第三節　OPEC+、美國頁岩油與再生能源競局

未來臺灣的能源戰略，絕不應只聚焦在「產能布局」的表面工程，更應納入以下三大核心構面：

- 地緣風險模型：能源來源國的政治穩定性、海運通道安全、盟國介入可能性等，皆需量化入政策規劃中。
- 技術治理策略：掌握再生能源的關鍵技術與製造鏈，降低對歐洲、日本的設備依賴。
- 國際儲備協定：與美日韓建立戰略儲備與備援方案，包括共享液化氣儲槽、協調性價機制與緊急供應線演練。

臺灣若無法在能源上建立起基本的安全邊界，即使科技再強、人才再多，亦難逃戰略制約的宿命。在這場地緣與能源交織的時代風暴中，能源政策的戰略化與全球布局能力，才是生存關鍵。

第四章　能源與資源的重分配戰：掌握關鍵礦產者掌控未來

第四節
稀土與半導體原料的新殖民競逐

新殖民主義的樣貌變了，但本質仍是資源控制

殖民主義的傳統形象，也許是軍艦、武力與殖民地總督；但在二十一世紀，它的樣貌已換成了稀土開採權、長期購銷合約與跨國資源開發公司。當全球邁入 AI、電動車與高階製造密集的新產業時代，支撐這些新技術運轉的，不是煤炭、石油或黃金，而是釔、鈧、鈮、鍺、銻這些聽起來陌生，卻絕對關鍵的戰略礦物。

稀土與半導體原料不只涉及經濟，更牽動軍事、技術與國際話語權。若說過去的殖民是為了擴張領土，那麼今日的新殖民則是為了占據資源節點與技術路徑的起點。掌握原料，就是掌握產業升級的門票；失去礦權，就等於失去未來的市場角色。

非洲與南美：科技產業的資源腹地

非洲與南美成為新一輪資源戰爭的主戰場。剛果擁有全球最大鈷礦，納米比亞與馬達加斯加稀土儲量豐富；智利與

第四節　稀土與半導體原料的新殖民競逐

玻利維亞除了鋰礦外，還藏有釹與鈮等稀有元素。這些地區原本在世界經濟體系中屬於邊陲，如今卻被各國視為關鍵合作對象。

但這些合作，並不完全平等。許多資源開發協議，表面上是雙贏合作，實則伴隨政治交換條件、軍援或基礎建設投資綁定，甚至是企業私下資助當地政權，以確保礦權長期穩定。這些做法延續了殖民主義的結構本質──外部強權決定當地資源命運，而當地居民僅分得微薄開採利潤，卻承擔環境汙染與社會衝突。

中國的戰略礦產外交與「資源殖民」爭議

中國在此格局中行動最早、布局最深。早自 2000 年代，中國國企如五礦、中鋁、贛鋒、紫金礦業等便大規模收購非洲與南美礦權，並與當地政府建立「資源換貸款」的互利模式。例如在剛果，中國獲得長期鈷礦開發權的代價，是承諾興建道路、學校與發電站。

儘管中國聲稱這是一種「南南合作」，但國際社會普遍批評其為「軟殖民政策」，指出其礦產出口收益幾乎不回流當地社會，且破壞環境、壓低薪資、壟斷加工技術等問題屢見不鮮。

尤其中國掌控全球近九成稀土加工與冶煉能力，即使原礦產地在非洲或南美，但中間製程高度集中於中國境內，使

第四章　能源與資源的重分配戰：掌握關鍵礦產者掌控未來

得這些國家難以透過原料出口轉型為製造中心，長期陷於低階資源輸出循環。

歐美的「綠色回歸」與制度性圍堵

為因應中國壟斷，歐盟與美國則以「綠色轉型」與「供應鏈韌性」為名，開始推動回歸本地礦產開發。例如美國於2024年重啟加州芒廷帕斯礦場稀土礦、加拿大開始量產鎳與鈷、歐盟提出《關鍵原料法案》要求成員國必須開發至少一項戰略性礦產，避免依賴第三方加工。

但在非洲與南美地區，歐美的策略則更趨制度化。他們透過國際開發組織與綠色融資機構提出「永續開採規範」，對開採條件設立環保、人權與法治標準，實際效果是一種間接的市場排他性選擇──凡不符合規範者，不得輸出至歐美或列入碳邊境調整機制稅收豁免名單。

這使得歐美實質上建立起自己的供應鏈同盟，擁有原料認證話語權。在「公平貿易」與「綠色永續」的旗幟下，實質進行的是制度性的資源控制，將開採、加工與出口納入其價值鏈控制之下。

第四節　稀土與半導體原料的新殖民競逐

臺灣：在話語權之外，卻不能不參戰

臺灣本身並無稀土礦產，但半導體、電動車、被動元件與資通訊設備皆高度依賴釹、銦、鉭、鍺、鎵等戰略性原料。這些物質的來源以中國為主，中國也曾在中日釣魚臺衝突後短暫實施稀土出口限制，對全球科技業形成巨大衝擊。

臺灣在當前格局下雖未被鎖定為稀土政治主角，但高度依賴國際供應鏈卻使其暴露於制度變動與運輸風險之中。例如歐盟 CBAM 碳關稅上路後，若臺灣未能提供符合歐規的原料來源證明，產品即使品質無虞，也可能遭加稅或排除。又如未來美國若進一步實施「可信任原料供應名單」，而臺灣繼續採用中資加工稀土，則恐影響晶片出口至美方國防工業體系。

因此，臺灣勢必須推動稀土供應多元化政策，建立戰略性原料庫存機制，並與日韓共同談判共同採購或在第三國進行加工投資，才有可能脫離「資源外包國」的高度依賴狀態。

資源新殖民是一場話語權與秩序書寫的競賽

當全球進入後石油時代，真正值錢的不再是液體黑金，而是散落在偏遠山區與政治危機地帶的細小元素。控制這些元素的開採、加工與出口路徑，就等於掌握了技術升級的密碼，也主導了未來市場的語言。

而新殖民主義的本質,不再是看得見的軍事駐紮與宗主國統治,而是一種隱性的資源話語權:由誰制定標準、誰控制過程、誰認證產地、誰建立報價中心。這樣的戰爭不需動武,卻能影響每一個國家的未來發展。

臺灣若要在這場資源重分配戰中生存,就不能只是使用者,更應思考如何參與「規則的制定」與「系統的協作」。唯有建立自己的制度參與能力與原料供應韌性,才能避免在未來科技世紀中被困在無法掌控的供應鏈牢籠裡。

第五節
臺灣能源自主戰略的困局與突破口

自主能源，從未真正自主過

長年以來，臺灣的能源問題就像一場政治爭論與產業現實之間的拉鋸戰。島內沒有足夠的化石燃料、稀土礦產或核原料，進口依賴度超過九成以上。任何一場國際航道危機、原油價格波動或地緣封鎖，都可能讓臺灣面臨生產限電、原物料斷鏈與國安壓力並行的多重風險。

表面看來，臺灣已經開始再生能源轉型：風電、太陽能、水力與儲能系統陸續上線，2030、2050年「淨零路徑圖」也陸續公布。然而，實際操作中，能源自主不過是供應來源的轉換，而非風險解構的完成。因為即使轉向再生能源，所需要的關鍵設備（如風機齒輪、太陽能模組、逆變器）、控制系統（如儲能模組、再生電網邏輯）、電池原料（鋰、鈷、釩）依舊嚴重依賴進口，而且多來自中國、南美與中亞等政經不穩地區。

臺灣想自主，卻始終未曾真正擁有可控的能源主權。

第四章　能源與資源的重分配戰：掌握關鍵礦產者掌控未來

傳統進口困局：成本高、風險大、制度慢

臺灣目前主要能源進口來源為中東原油、東南亞天然氣與澳洲煤炭，這三者皆具備高地緣風險與高度價格彈性。尤其在 2025 年全球能源價格大幅波動後，臺灣的工業用電與運輸燃料成本也隨之激增，企業界開始呼籲政府重新檢討能源價格政策，甚至對電價凍漲機制提出質疑。

但臺灣內部法規繁複，加上缺乏主權能源公司與對外談判平臺，使得長期能源合約多依賴財團協商與外包代理，難以在制度層面建構策略彈性。舉例而言，日本與韓國皆設有「國家能源採購署」進行原料談判與風險儲備，但臺灣卻無類似組織，導致在與卡達、印尼等天然氣出口國談判時，難以取得量價穩定的優勢條件。

綠能發展卡在地狹民怨與投資瓶頸

再生能源本應是臺灣突破困局的希望，但事實卻遠不如願。離岸風電雖已上線，但遭遇地層下陷、船舶調度、投標成本與民間抗議等多重壓力，進度大幅落後原規劃；太陽能則受限於土地取得、農地政策與社會阻力，在裝置容量與實際發電量上始終存在落差。

更根本的問題在於，臺灣的能源法制仍以過去國營電網邏輯為基礎，對於微電網、區域儲能、第三方售電商與用電

第五節　臺灣能源自主戰略的困局與突破口

資料透明的支援極其有限,導致新創能源業者難以進場,資本市場對綠能投資缺乏信心,連帶影響整體系統創新速度。

技術自治的希望：
半導體能耗優化與能源 AI 應用

在困境之中,臺灣其實握有一張被低估的王牌——那就是半導體製程中的能耗管理能力。以台積電為例,其 7 奈米以下製程的能效遠優於國際平均,而其製程熱回收、微電網布局與用電預測系統,實則是全球能源效率優化的樣板。

若臺灣能將半導體業累積的智慧製造與能源模組能力外溢到電網管理、儲能預測與高耗能產業升級中,則有望成為全球首批進入「AI 驅動能源效率時代」的經濟體之一。

同時,結合資料科學與電網即時監控的能源 AI 平臺若能普及,也將提升用電預測準確度、優化工業排程、減少尖峰浪費,進而在不擴產的前提下創造能源盈餘。

政策突破口：從被動調度者轉為制度創造者

臺灣若想擺脫長期以來的能源依賴與技術外包命運,下一步的關鍵不在「發得更多」,而在於「控得更穩、談得更好、用得更準」。這需要的不是一份新報告,而是一場跨部會制度創新：

第四章　能源與資源的重分配戰：掌握關鍵礦產者掌控未來

- 成立能源戰略談判辦公室，統籌與 OPEC+、美日韓及中東國家談判機制，整合購能、物流、儲備政策；
- 推動綠能市場法制鬆綁，讓中小型售電業者與工業儲能業者有機會參與發電市場競爭；
- 建立能源區塊鏈與碳足跡追蹤平臺，提升綠電溯源透明度，對接歐盟碳邊境調整機制；
- 提供高耗能產業「轉型補助換節能技術資料」方案，鼓勵製造業與 ICT 業者共享用能優化模組；
- 設立青年能源創業基金，投資次世代微電網、氫能製程與儲能平臺，打造產業自主核心。

這些政策不一定要砸大錢，但必須打破部門各自為政、以價穩壓創新的舊邏輯，才能讓臺灣從能源焦慮中脫身，走向制度與市場雙向穩定的真正自主。

在斷鏈時代，
能源不是資源，而是制度設計能力

當全球進入供應鏈不確定與地緣對立的時代，能源問題不再是工業部門的細項，而是國家戰略的核心。如果臺灣還以為能源問題是價錢貴不貴、廠商缺不缺，那就錯過了未來最重要的籌碼戰場──能源是一場制度戰、資料戰與價值戰，是一場誰能先建立「可預測、可信任、可調度」能源治理

第五節　臺灣能源自主戰略的困局與突破口

模型的競賽。

臺灣不可能挖出石油,也難以在島內創造稀土。但我們可以打造世界最有效率的能源管理制度、最透明的綠電資料鏈、最可靠的科技支撐平臺。這,才是真正的能源自主戰略,也是小國在大國資源壓迫下,依然能存活的制度盾牌。

第四章　能源與資源的重分配戰：掌握關鍵礦產者掌控未來

第五章

金融為界：
SWIFT、數位貨幣與資本封鎖

第五章　金融為界：SWIFT、數位貨幣與資本封鎖

第一節
金融制裁如何成為經濟戰的高段戰法

從經濟懲罰到金融戰爭：權力升級的無聲過程

在國際關係中，制裁從來都不只是經濟工具，它其實是國力延伸、秩序懲罰與制度重塑的外衣。過去的貿易制裁往往針對特定商品或產業實施限制，但進入二十一世紀後，真正被證明具破壞性與制度穿透力的，卻是金融制裁。

金融制裁的核心，在於它操控的是資本的流動權與國際金融系統的接入資格。這不只是對一筆資金的凍結，更是對一個國家的主權信用、商業邏輯與貨幣體系的致命打擊。它讓對象國無法參與全球資本運作，也使其內部經濟活動失去跨境參與的空間。

正因為如此，金融制裁已成為當代經濟戰爭的最高形式。它不像傳統制裁那樣需要實體交付，也不像關稅戰爭那樣會引起貿易報復，它可以快速啟動、跨國共用、媒體難追、企業難防，更可穿透政府、企業、乃至個人帳戶，成為現代國際政治中最具精準殺傷力的武器。

> 第一節　金融制裁如何成為經濟戰的高段戰法

美國的金融戰爭兵器庫：
從 OFAC 到環球銀聯的制度組合拳

全球之所以能用金融制裁發動一場無聲戰爭，背後是美元體系與美國金融架構的高度主導性。美國透過財政部轄下的「外國資產控制辦公室」（Office of Foreign Assets Control, OFAC）來執行制裁，涵蓋範圍包括國家、個人、企業、航運、加密錢包與任何與其有交易行為的中介。

這種制度可將某一組織從國際銀行轉帳網路中「消失」，也可要求全球銀行配合凍結其資產，否則將被排除在美元結算體系之外。當前全球超過 85% 的跨境貿易仍以美元計價與清算，這也意味著，只要美國不願配合，任何國家就很難安全地完成國際貿易、外匯結算或籌資行為。

這種做法讓金融成為全球政治的一把無形槍械，只需 OFAC 發一紙通告，即可令企業股價崩盤、國債價格重跌、銀行挫傷聲譽、投資人全面逃離。更關鍵的是，它不只對敵人有用，對盟友也有約束力，成為「制度服從測試」的高階工具。

金融制裁的戰術層次：凍結、排除與連坐

在具體戰術上，現代金融制裁的施力方式主要分為三種：

◆ 凍結資產：對特定個人、企業或銀行帳戶實施資產凍結，

> 第五章　金融為界：SWIFT、數位貨幣與資本封鎖

> 使其無法動用海外資產，進一步干擾其營運與現金流。
- ◆ 排除交易：將對象踢出 SWIFT（全球銀行金融電信協會）系統，使其無法與他國銀行進行即時電匯與資金互通，形同「金融斷網」。
- ◆ 連坐懲罰：對與被制裁對象有交易行為的第三方機構施加懲罰，例如銀行或平臺，也可能遭「次級制裁」（secondary sanction），這使得全球企業不得不進行「合規風控」自我審查，形成強大的間接約束力。

這些手法相較於傳統貿易制裁，能更快速穿透企業架構，更容易實施跨國控制，也幾乎難以脫鉤。因為資本不像商品，它無需實體運輸，也難以憑藉「中間商」避稅規避，一旦進入黑名單，便無法以任何形式回到主流金融市場。

俄羅斯案例：金融斷鏈的實驗場

2022 年俄羅斯全面入侵烏克蘭後，美國與歐盟祭出前所未有的金融制裁組合：俄羅斯主要國有銀行被踢出 SWIFT，個人與企業資產遭到全面凍結，盧布國際結算大幅受限，並封鎖俄羅斯央行外匯存底。

這一系列制裁導致俄羅斯主權信用大幅下滑、盧布一度崩跌、投資信心潰散。即便莫斯科嘗試以人民幣與盧比進行替代性清算，仍無法真正穩定其跨境資金流與進出口系統。

第一節　金融制裁如何成為經濟戰的高段戰法

雖然其能源出口仍維持一定收入，但其金融系統實質上已被國際主流市場「局部切割」。

這場實驗性制裁證明金融可以成為比軍事更有效的控制工具，甚至在沒有直接封鎖港口與資源的情況下，也能造成長期的系統性衰退。此後，中國、伊朗、土耳其等國皆針對自身金融體系進行風險演練與美元替代測試，以避免成為下一個目標。

臺灣在金融戰中的潛在脆弱性

臺灣雖非制裁方，也非被制裁對象，但身處中美對抗與供應鏈重構的交界處，其金融體系實際暴露於極高的地緣敏感風險之下。臺灣的外匯結算幾乎全面透過美元與 SWIFT 系統，而大多數出口企業也未建立獨立的跨境結算替代系統，一旦國際緊張升高或遭到金融黑名單牽連，將難以自我修復。

此外，臺灣並未建立完整的「金融國安機制」，在多數跨國資金流動中仍依賴外資合規指引與外國銀行驗證。即使是出口主力的半導體與科技業，亦無獨立金融鏈支援其產業風險轉移能力。若未來遭遇區域衝突或政治操縱，可能在無任何軍事衝突下即陷入流動性枯竭與資金孤島的情況。

第五章　金融為界：SWIFT、數位貨幣與資本封鎖

未來的戰爭，
也許不再需要開火，只要凍結帳戶

在這個高連結性、平臺化、數位貨幣化的世界裡，真正能摧毀一個經濟體的，可能不是炸彈或航母，而是金融制裁指令的一行程式碼。而控制這段程式的人，就是下一階段全球霸權的編碼者。

若臺灣要在這場制度性金融戰中生存，不能只是合規，更要參與規則擬定與防禦機制建構。金融戰不需要武力，但卻要求最高等級的治理智慧與制度演算

第二節
SWIFT 斷鏈與俄羅斯金融孤立術

金融「去連結」：制裁升級的決勝手段

當傳統經濟制裁已無法有效遏止對手國的軍事擴張與外交挑釁時，西方世界便轉向一種更加致命卻看不見硝煙的手段——金融去連結（financial decoupling）。而這種去連結的最具象徵性與殺傷力的操作，正是將目標國踢出 SWIFT 系統。

SWIFT，全名「全球銀行金融電信協會」（Society for Worldwide Interbank Financial Telecommunication），是一個總部設於比利時的跨國銀行間電文交換平臺，幾乎承擔了全球銀行間跨境匯款的所有資訊傳遞任務。全球有超過 11,000 家金融機構透過 SWIFT 每日交換高達五兆美元的訊息，當一國被排除於此系統之外，即形同「被切斷國際金融神經系統」。

這種技術性操作，一方面快速、有效、幾無須動員傳統貿易封鎖的成本，另一方面卻造成對方銀行體系即時癱瘓，對企業與民眾造成全面衝擊，因此被譽為「二十一世紀的無聲斷頭臺」。

第五章　金融為界：SWIFT、數位貨幣與資本封鎖

俄羅斯成為首個 SWIFT 大規模斷鏈實驗場

2022 年，當俄羅斯入侵烏克蘭並推進至基輔近郊後，美歐聯合祭出前所未有的金融制裁，當中最震撼的操作便是將俄羅斯主要七家銀行移除 SWIFT 通訊名單。這些銀行涵蓋了俄國八成以上的外貿結算，瞬間造成俄羅斯企業無法開立信用狀、外匯交易停擺、跨國融資受阻。

雖然俄羅斯央行仍持有大量外匯與黃金儲備，但這些資產也同時在西方銀行帳戶中遭到凍結，導致其貨幣政策與資金調度幾乎失能。盧布當時應聲重貶逾三成，莫斯科交易所暫停交易，數千家外國企業撤資或暫停合作，俄國人民無法跨境購物、旅遊、投資、甚至寄送款項。

而這項制裁的「無前例性」在於，它突破了過往僅針對伊朗、北韓等小型經濟體的模式，首次對一個 G20 國家全面實施系統性金融排除，象徵著全球金融秩序進入明確的「武器化時代」。

克里姆林宮的對策：
孤立中的替代金融體系建構

被切出 SWIFT 之後，俄羅斯並未坐以待斃。首先，莫斯科政府緊急啟用自 2014 年克里米亞危機後籌建的「SPFS」本地金融傳訊系統（System for Transfer of Financial Messages），

第二節　SWIFT 斷鏈與俄羅斯金融孤立術

作為 SWIFT 的替代方案，用於俄國境內與部分友好國家銀行間結算。

其次，俄羅斯推動與中國進行「人民幣對盧布」的雙邊本幣結算，並與印度、伊朗、哈薩克等「非西方經濟體」合作擴展 SPFS 覆蓋範圍，企圖構築一個「去美元化」的替代金融網絡。此外，俄國也推動以黃金計價的數位貨幣試驗，企圖結合去中心化系統與主權信託的混合模式重建信任。

然而，這些體系雖能在小規模內部使用，卻難以真正替代 SWIFT 的全球通用性、即時性與信用認證能力。事實證明，當西方企業無法確認支付資訊是否正當時，即便俄方提出替代平臺，也無法重建商業互信。

國際金融體系的不對稱性與制度武器化

這場 SWIFT 斷鏈行動突顯出一個關鍵現實：當全球金融基礎設施被特定制度壟斷時，參與者即使不屬於該制度的價值體系，也無法逃避其制裁效應。

換言之，雖然 SWIFT 標榜中立，但其核心帳務與控制權實則高度受西方政府影響。比利時雖為中立國，但在美歐聯合施壓下，SWIFT 幾乎沒有選擇空間。這意味著「技術平臺」的主導權，在危機中將自然轉為地緣政治的延伸。

也正因此，世界多國開始審視是否過度依賴美元體系與

> 第五章　金融為界：SWIFT、數位貨幣與資本封鎖

美歐控制的金融資訊平臺，開始投入金融數位主權建設，建立自己的結算語言、數位貨幣、資料儲存主權與監管框架。

臺灣的金融聯通風險：技術強但制度依賴高

臺灣的金融科技發展領先亞洲，但其跨境清算與外貿金融仍大量依賴 SWIFT 與美元結算體系。目前超過九成臺灣出口交易以美元為主，銀行間清算也高度倚賴美國銀行作為中介通道。這種結構在和平時期高效運作，但在國際政治升溫時卻可能成為致命弱點。

一旦因為地緣政治升溫而遭金融聯通限制，臺灣恐將面臨企業結算癱瘓、海外投資回流困難、甚至外資逃離等資本流風險。加上本地尚未建立替代金融通訊協議或主權數位支付基礎設施，若無預防性布局，將難以快速應對國際金融隔離。

金融訊號不只是交易，而是主權的語言

SWIFT 的每一筆訊息不只是資金流動的指令，它也是國與國之間信任體系的「語言」——而誰能控制語言，就能控制參與的規則。

俄羅斯被踢出 SWIFT，是金融歷史上的轉捩點，也是一記制度警鐘：全球化的金融結構，其實非常脆弱，且集中

第二節　SWIFT斷鏈與俄羅斯金融孤立術

在極少數政治聯盟手中。未來的金融戰，不一定需要禁運或制裁令，只需切斷一個「API介面」，就能讓一個國家陷入沉默。

臺灣若要在未來大國賽局的邊緣保持穩定，不僅需要強化技術韌性，更要提早建立自主「金融語言」的備援機制——不為脫鉤而脫鉤，而是為了有選擇的能力。

第五章　金融為界：SWIFT、數位貨幣與資本封鎖

第三節　數位貨幣與美元霸權的對撞

貨幣不只是價值單位，而是控制秩序的槓桿

在國際金融秩序中，美元不只是交易貨幣，更是一種制度性的權力展現。自 1944 年布雷頓森林體系建立以來，美元成為全球貿易、投資與儲備的核心，而美國也透過此優勢掌控全球金融政策的節奏，進而將「貨幣政策」與「外交政策」相互綁定，形成所謂的美元霸權。

這種霸權的關鍵不僅在於美國經濟的規模與信譽，更在於美元在全球金融基礎設施中的深度嵌入——從 SWIFT 訊息傳輸、CHIPS 跨境結算，到各國外匯儲備配置與大宗商品報價，美元像神經系統一樣連接全球經濟。而這種結構性優勢，也讓美國得以透過制裁、出口管制與資本限制，達成傳統外交所無法實現的戰略目標。

然而，這套秩序正面臨挑戰——來自數位貨幣的挑戰，特別是由各國央行推動的中央銀行數位貨幣（CBDC）。數位貨幣不只是新的支付技術，它將重新定義貨幣的主權性、流動性與可追蹤性，是未來全球貨幣秩序的另一種可能。

第三節　數位貨幣與美元霸權的對撞

中國數位人民幣的地緣實驗

中國是最早推動 CBDC 的大國之一，其「數位人民幣」（e-CNY）自 2019 年起啟動試點，至 2025 年已在數十個城市全面上線，並逐步整合於微信與支付寶平臺之中。與西方對隱私與去中心化的想像不同，中國的數位人民幣明確強調「可控匿名」與「可追蹤流通」，並且設計了可離線轉帳、限制用途、到期清除等功能，成為一種高度國家化、行政主導的貨幣模型。

更重要的是，中國不將數位人民幣僅限於國內使用，而積極推動其在國際貿易中的應用。透過「數位絲路」倡議，中國與阿聯酋、泰國、沙烏地阿拉伯等國建立「多邊 CBDC 交換平臺」（如 m-CBDC Bridge），用以替代 SWIFT 與美元結算，並與 RCEP 成員國商討以 e-CNY 為計價貨幣進行部分大宗商品貿易。

這樣的操作，其實是一種去美元化策略的數位版本，意圖在未來的跨境金融戰中，建立一套脫離美國控制、由中國制定規則的結算秩序。

美國的觀望與反制：數位美元的進退維谷

相較於中國的積極布局，美國對於數位美元（Digital Dollar）顯得保留甚至遲疑。一方面，美聯儲擔心數位美元會

第五章　金融為界：SWIFT、數位貨幣與資本封鎖

動搖商業銀行體系穩定，改變金融中介模型；另一方面，隱私與憲法保障問題也讓數位美元設計困難重重。

儘管如此，2023 年起，美國財政部與 MIT Media Lab 合作進行技術驗證，並於 2025 年啟動有限用途測試，在特定國防、援助與跨境金融場景中使用「限定版數位美元」。拜登政府同時強化對穩定幣與加密貨幣平臺的監管，試圖在維護現有金融體系的同時，壓制替代性貨幣體系的擴張。

值得注意的是，美國並未將數位貨幣視為純技術議題，而是視為貨幣霸權延續的關鍵籌碼。因此，其未來的政策重點，可能不是自己推出什麼數位貨幣，而是如何讓其他數位貨幣無法國際化。

歐洲的中間路徑與多邊貨幣秩序的可能性

歐盟方面則走出另一條路：以歐洲央行為主體推動「數位歐元」計畫，並將其與現有歐元現鈔、電子支付與區域社會福利系統整合。歐洲的重點不在追求貨幣霸權，而是在確保數位轉型過程中不被美中兩國的技術與規則左右，維持歐元在區域內的數位主權。

歐盟亦與國際清算銀行（BIS）合作推動跨境 CBDC 互通架構，希望在新興市場、開發中經濟體中建立一套不依賴單一主權的多邊數位貨幣結算框架，例如與瑞典 e-Krona、新加

第三節　數位貨幣與美元霸權的對撞

坡 Project Ubin 的互通測試便是一例。

這些努力反映出：全球貨幣秩序正從單一霸權走向多元競爭，而數位貨幣正是未來國際結算權力重構的前哨站。

臺灣與數位新臺幣：
制度、主權與接軌的三重挑戰

臺灣在數位貨幣布局方面相對保守。截至 2025 年，中央銀行仍未正式推出 CBDC，而是採取「雙軌實驗」路線——一方面由央行進行批發型 CBDC 測試，供銀行間清算使用；另一方面，開放銀行與電子支付機構試行零售型數位貨幣模擬環境。

在國際結算上，臺灣高度依賴美元與 SWIFT 架構，尚未與任何 CBDC 平臺簽署互通協議。這使得臺灣在數位貨幣外交上幾乎沒有話語權，也無法搭上第一波跨境數位金融治理的制度列車。

臺灣若要參與未來的數位金融秩序，必須面對三大挑戰：

◆ 制度設計透明度不足：目前尚無明確法律定義「數位新臺幣」的法律地位與資料主權。
◆ 接軌速度緩慢：缺乏與日本、韓國、東南亞主要貿易國的 CBDC 互通計畫。

第五章　金融為界：SWIFT、數位貨幣與資本封鎖

◆ 民間信任與金融識能不足：多數民眾對數位貨幣仍存疑慮，恐影響使用普及與政策推動速度。

除非盡快建立跨境測試場域、釐清法制框架並推動「數位貨幣外交」戰略，否則臺灣在新一輪貨幣制度洗牌中恐成旁觀者。

貨幣的未來是治理的競爭場，不只是交易媒介

數位貨幣不只是錢的電子化，它代表一種治理方式、一種制度信任、一種國際關係的預設結構。當美元霸權邁入結構鬆動期，各國推行 CBDC 所反映的，是全球對貨幣控制權的集體焦慮。

而未來的貿易戰、供應鏈戰、金融制裁甚至科技競爭，恐怕都將透過「你用哪一種貨幣」這個問題展開攻防。貨幣不只是交換手段，它是國際秩序的行動編碼。

臺灣若想參與新秩序，不應再等待技術完備，而是要及早投入「誰來制定貨幣規則」的談判桌，否則將再次被排除在制度設計的門外，只能被動接收條件與代價。

第四節
加密貨幣與避險資本的新灰地帶

避險？脫法？還是戰略轉移的隱形管道？

當國際資本流動越來越受監控、金融制裁與地緣對立頻繁發生時，傳統金融管道不再是絕對安全或自由的資本工具。相對地，加密貨幣的去中心化、跨境即時性與匿名性，逐漸讓它從邊緣科技社群的投機資產，演化為避險資本的灰色通道。

比特幣、以太幣、穩定幣（如 USDT、USDC）原本多為數位資產交易市場的金融工具，但在俄烏戰爭、黎巴嫩貨幣危機、阿根廷外匯管制等事件中，加密貨幣被廣泛使用於個人財產保護、國際募資、非法交易、資金轉出與緊急支付。這些使用情境，使它一腳踩入合法金融網絡，一腳則踏入主權體系的監管灰區。

當「銀行不可信」、「貨幣不值錢」、「帳戶會被凍結」的風險成為現實，加密貨幣就從投資商品轉變為國際政治動盪下的貨幣替代品。

第五章　金融為界：SWIFT、數位貨幣與資本封鎖

戰區與制裁國的新金融命脈

俄羅斯在遭受 SWIFT 斷鏈後，雖推動本幣與 CBDC 體系，但實際上許多民間與中小企業轉向加密貨幣進行跨境支付與境外儲值。根據鏈上分析公司 Chainalysis 2024 年報告，俄羅斯使用 USDT 進行 B2B 貿易結算的規模在 2023～2024 年間成長近八倍，並透過中亞與中東地區的第三方交易所繞開美歐金融封鎖。

在伊朗與敘利亞，政府甚至直接支持本地礦場以比特幣礦產作為出口原料，用以換取中國與土耳其商品，形成加密經濟的地緣黑市。北韓的 APT 駭客組織 Lazarus Group 則持續透過盜取加密錢包、NFT 平臺漏洞與去中心化交易所（DEX）洗錢，資助其核子與飛彈研發。

這些案例說明，加密貨幣已不只是個人避險工具，而是被國家層級認可與戰略化使用的資本避難所，使得金融戰爭中出現了新的「非政府制裁逃生門」。

穩定幣與暗網的共存：監管盲區的資金走廊

穩定幣（特別是 USDT）因其與美元掛鉤的特性，已成為灰色經濟最常用的轉帳單位。在許多交易所無需 KYC（Know Your Customer）或透過 VPN 即可操作的情況下，用戶可以極低成本完成數萬甚至數十萬美元的跨境交易，無須銀行報

第四節　加密貨幣與避險資本的新灰地帶

備、無需開立正式帳戶，也無監管備查紀錄。

這種操作正廣泛應用於：

◆ 非法武器交易：美國國土安全局曾查獲透過 USDT 進行敘利亞武裝分子資金轉移。
◆ 暗網販毒與勒索贖金：2024 年全球最大勒索病毒「Cerber-3」所收取贖金皆為穩定幣。
◆ 中國地下資金轉移：有企業家在嚴控資本外流政策下，將人民幣轉為 USDT 再透過離岸交易所轉進新加坡或杜拜。

加密貨幣交易所如 Binance、Huobi、KuCoin 等，曾多次因涉及這類操作遭各國金融單位約談、罰鍰甚至凍結帳戶資金。這也反映出：當資本自由流動權被政治風險與政策限制侵蝕，資金會自動找尋最低監管阻力的路徑 —— 加密貨幣成了這條路徑最重要的橋梁。

國際監管正在趕來，但仍遠遠落後

面對加密資產的地緣滲透風險，國際貨幣基金（IMF）、金融行動特別組織（FATF）與 G7 已於 2024 年起接連推出數位資產監管指引與金融透明政策。歐盟於 2025 年正式施行 MiCA（Markets in Crypto Assets）規範，要求穩定幣發行者儲

第五章　金融為界：SWIFT、數位貨幣與資本封鎖

備資產百分百透明、錢包平臺具備 AML（反洗錢）機制。

美國則強化 SEC 與 CFTC 對交易平臺的執法權限，並要求所有在美營運的加密機構進行「地緣政治風險聲明」，禁止服務於制裁對象國家。

儘管如此，由於加密資產去中心化的本質與區塊鏈跨司法區的特性，監管效率仍難追上資金移動速度與平臺轉換能力。更現實的是：許多國家在本國經濟困頓、資本流失或本幣貶值時，選擇睜一隻眼閉一隻眼，默許境內居民使用 USDT、BTC 等穩定幣作為「去央行貨幣替代」，以維持購買力穩定與外匯靈活性。

臺灣的區塊鏈創新與國安金融交界風險

臺灣擁有亞洲最活躍的區塊鏈創業社群之一，且在 DeFi、NFT、GameFi 與 AI+Web3 領域展現出高度創新潛力。然而，在國安金融的脈絡下，這種創新也產生了制度真空：

◆ 臺灣並無專法規範加密貨幣，僅以洗錢防制法與金管會函釋作為技術指引；
◆ 多數交易所設於海外，但主要市場與工程團隊設於臺灣，監管權限難以確定；
◆ 臺灣用戶曾多次被鎖定為中資或灰色平臺的資金中繼站，增加地緣金融風險辨識困難。

第四節　加密貨幣與避險資本的新灰地帶

尤其面對未來可能的金融封鎖、數位戰爭或制裁擴散，若無能力辨識並防範「去中心化轉帳平臺作為制裁逃逸工具」的風險，將可能讓臺灣自身淪為洗錢溫床與國際觀察對象，進而影響本地區塊鏈企業的正當性與金融信譽。

加密世界不是烏托邦，是下一輪貨幣戰的後巷

比特幣曾被譽為反對中心權力的技術革命，但當戰爭、資本逃避與政治制裁成為現實，加密貨幣更像是各國勢力進行制度縫隙操作的潛行工具。這個世界不再只是程式碼理想國，而是一個貨幣與信任權力再分配的後巷市場。

對民主國家來說，加密貨幣既是金融創新，也是國安威脅；既是商業潛力場，也是政策治理場。若缺乏對這個新灰地帶的深度理解與制度建構，就無法在全球金融地圖重新繪製的過程中找到穩定立足點。

第五章　金融為界：SWIFT、數位貨幣與資本封鎖

第五節
臺灣數位新臺幣與跨境結算風險管理

金融邊界收緊，
數位貨幣成為制度保衛戰的焦點

在全球資本流動高度敏感、金融武器化趨勢愈來愈明顯的背景下，臺灣作為一個貿易導向型經濟體，早已暴露於貨幣制度風險與跨境結算依賴的雙重壓力之下。當 SWIFT 排除、美元主導、加密貨幣崛起與數位主權貨幣政策同步推進，臺灣若無自身數位貨幣與結算制度建構能力，將可能在下一輪貨幣與金融衝突中成為被排除的邊緣節點。

因此，「數位新臺幣」（Digital NTD）不只是央行金融科技創新的課題，它是國家戰略自主的一道金融防火牆，同時也是臺灣未來參與國際資本秩序重構的入場門票。

臺灣數位新臺幣的推進現況與制度考量

中央銀行自 2020 年起即著手進行 CBDC（中央銀行數位貨幣）研究，目前已完成兩階段試驗：第一階段聚焦零售支付

第五節　臺灣數位新臺幣與跨境結算風險管理

模型設計與模擬環境建置,第二階段則與金融機構合作測試「雙層運作架構」,即央行對銀行發行數位貨幣,銀行再對民眾流通。

雖然技術層面已有基礎,但數位新臺幣的進展相對保守,主因在於臺灣金融系統本身較為穩定、電子支付普及率高,短期內對 CBDC 的「急迫性」不若拉丁美洲或非洲等本幣脆弱國家。但從地緣與制度風險角度觀察,臺灣的數位貨幣政策若過度延遲,恐失去未來與他國 CBDC 互通、參與跨境結算試驗、主動建立結算標準的窗口期。

目前主要障礙包括:

◆ 欠缺清晰的法源依據(如《中央銀行法》未明定數位貨幣法律地位)
◆ 尚未規劃與 SWIFT、m-CBDC Bridge、日韓數位貨幣平臺的互通策略
◆ 社會對數位隱私、交易監管與技術信任仍存有疑慮

跨境結算的脆弱性:被動接受 vs. 主動介接

臺灣與全球多數經濟體一樣,高度仰賴美元作為貿易結算貨幣。然而,與日本、韓國、新加坡相比,臺灣在替代性金融通訊協定(如 APN、mBridge)與多邊 CBDC 平臺的參與

> 第五章　金融為界：SWIFT、數位貨幣與資本封鎖

度極低，幾乎完全被排除在國際 CBDC 政策沙盒之外。

這不僅造成技術落後，也在制度談判中失去話語權。一旦未來多邊貿易結算由數位貨幣主導，而非現行的電匯與信用狀模式，臺灣企業將可能面臨「沒有支援新型貨幣協定」而被拒於供應鏈外的困境。

更重要的是，在資本市場操作中，數位貨幣所強化的「交易可追蹤性」將成為地緣選邊的工具：若未能符合某些國家對結算路徑、貨幣來源或供應鏈溯源的制度要求，將無法進入其金融與貿易平臺。

國安金融視角下的政策突破口

數位新臺幣不僅是電子支付的替代品，更應納入國安與主權戰略層次，以下是幾項應優先推進的制度設計建議：

- ◆ 制定 CBDC 專法：明定數位新臺幣的貨幣屬性、法償力、發行機制與交易隱私規範，賦予其明確法律地位。
- ◆ 推動與友邦國家建立「雙邊數位結算白名單」：優先與日韓、東協、歐盟成員國建立互認機制，以便臺灣企業可在低風險區內流通數位新臺幣或橋接貨幣。
- ◆ 結合區塊鏈技術發展「可信任跨境帳本」：建立臺灣版的交易資料鏈，使出口商能快速提供交易履歷，符合國際合規要求。

> 第五節　臺灣數位新臺幣與跨境結算風險管理

◆ 將數位新臺幣納入戰備物資概念：模擬遭金融封鎖、SWIFT 中斷或美元脫鉤情境下的境內支付穩定機制，發展離線支付、儲值消費與災難交易模式。

金融主權不是財政權，而是結算話語權

未來的貨幣戰爭，不會是央行與央行之間的升息角力，而是誰能建立可信任的結算架構、誰的交易紀錄能被全球接受、誰的支付協議能獲得 API 介接資格。臺灣若只把數位新臺幣當成「電子支付進階版」，而非「新一代國際清算通行碼」，將錯失制度參與時機。

事實上，小型經濟體如新加坡、瑞典已證明，在技術準備完善與法規創新並行的情況下，即使規模不大，也可在國際 CBDC 秩序中擁有獨立的話語座標。臺灣若能善用自身 ICT 產業優勢、金融系統健全與人民數位素養，完全有機會成為亞太第一個能提出區域性數位清算規格的中型經濟體。

從邊緣接受者轉為金融規則共創者的最後跳板

數位貨幣與跨境結算不是一場純粹的技術升級，它是一場貨幣制度的重組與金融主權的再分配。對臺灣而言，數位新臺幣不只是支付工具，它是防止被排除在新全球結算體系外的護身符，也是參與未來制度談判的入場券。

第五章　金融為界：SWIFT、數位貨幣與資本封鎖

在一個美元不再全能、金融不再去政治化的時代裡，只有擁有自主結算能力與可信任帳本機制的國家，才能在風暴來襲時不被孤立。

第六章

供應鏈的新鐵幕：
關鍵技術的封鎖、轉向與重構

第六章　供應鏈的新鐵幕：關鍵技術的封鎖、轉向與重構

第一節　封鎖科技，不再只靠專利
—— 關鍵製程技術如何成為戰略資產

技術封鎖不再是法律問題，而是戰略問題

冷戰時期的科技封鎖，往往表現為對特定軍事用途的專利技術加以出口限制。但來到二十一世紀，當技術本身即是產業升級與地緣控制的基礎時，封鎖早已脫離傳統「專利擁有者 vs. 使用者」的二元邏輯，而轉向「制度控制者 vs. 體系參與者」的新型對抗。

這種封鎖不再依賴 WTO、WIPO 或 TRIPS 協議所規範的知識產權爭議，而是透過供應鏈節點、原廠許可、出口規則與技術分層授權等方式，構築一張更難突破、更不對稱、更具政治彈性的「技術封鎖網」。

在這樣的世界裡，不論企業是否遵法合規，也不論產品是否為軍用或民用，只要你落入「可能強化敵對體系」的預判中，就可能遭遇全面封鎖。而這樣的封鎖背後，其實運作的是一套「新冷戰科技邏輯」。

第一節　封鎖科技，不再只靠專利—關鍵製程技術如何成為戰略資產

光刻機：從技術壟斷走向國際政治禁運

全球半導體先進製程的關鍵，莫過於極紫外光（EUV）光刻機，而這項技術由荷蘭 ASML 壟斷，全球僅此一家公司能提供 5 奈米以下製程所需設備。雖然 ASML 本為民營企業，但其出口政策卻高度受控於荷蘭政府與美國意志 —— 這正是技術如何轉化為政治武器的最佳範例。

2020 年起，美國即施壓荷蘭政府禁止 ASML 將 EUV 設備出口至中國；至 2023 年，禁令擴及至 DUV（深紫外光）中階機種；2024 年，甚至開始要求所有含有美國零組件與軟體的 ASML 設備，都不得用於中國 14 奈米以下製程線。此舉等於將中國直接排除在高階製程升級之外，不透過 WTO、不依賴國際法院，而是單邊貿易政策決定產業未來。

這顯示：關鍵設備不再只是資本財，而是「準軍用品」、「制度籌碼」與「外交槓桿」，任何試圖以商業自由為由突破禁令的國家與企業，皆會遭遇制度聯合壓力與市場報復。

EDA 軟體：
看不見的控制點，更難以規避的封鎖

與硬體設備相比，設計端的 EDA（電子設計自動化）工具更具隱密性與策略性。全球主要 EDA 廠商僅三家：美國的新思科技、益華電腦與西門子的明導國際，其技術幾乎掌控

第六章　供應鏈的新鐵幕：關鍵技術的封鎖、轉向與重構

全球超過九成的 IC 設計流程，無論是 GPU、AI 加速器、車用晶片還是軍用導航元件，幾乎無法避開美國 EDA 技術的依賴。

美國自 2022 年起將 EDA 列為國家戰略級出口技術，規定不得將 7 奈米以下製程設計所需軟體與模組提供給中國、伊朗、北韓等國家，並進一步規範 EDA 升級、維護、雲端模擬、IP 套件重編譯等環節皆視為出口行為，必須事前審核授權。

這種做法使得封鎖不再是「買不到」，而是「買了也不能用、升級不了、模擬不能跑、錯誤無法修復」，形成制度綁死、系統封閉、無法轉換的技術軟監禁。對於非自主開發 EDA 工具的國家而言，這是比禁運更深層的數位困局。

封裝與測試：從製程末端變成地緣敏感點

在過去，IC 封裝與測試被認為是附加價值較低的產業末端環節。然而，當全球供應鏈被政治化後，「誰來封裝」、「在哪裡封裝」、「送往哪裡測試」也變成地緣風險的判斷依據。

2023 年美國國防部明定軍用與高敏感度應用之半導體，不得委由中國或香港封裝測試，即便該封裝廠並無中資背景，只要地點與技術可遭入侵即構成排除。歐盟也開始檢討外包封測之國家可信度，並設立供應鏈查核制度，要求企業

> 第一節　封鎖科技，不再只靠專利──關鍵製程技術如何成為戰略資產

提供三層以上製程環節原產地資料。

臺灣的日月光、矽品與力成等封測大廠因此面臨新挑戰──需建立在海外的「中立性封測據點」，以維持與美日市場的供應關係。封裝早已不是「低階製造」的象徵，而是「制度信任的落實點」。

臺灣的制度邊界與技術核心如何對接？

面對這波新型封鎖，臺灣位於供應鏈核心，卻也最脆弱。以台積電為例，其先進製程雖全球領先，但高度依賴 ASML 設備、Synopsys 軟體與美國 EDA 模組庫；而本地 IC 設計業如聯發科、聯詠與瑞昱也幾乎全數使用美系設計平臺與模擬環境。

當國際技術環節變成「准入制」與「信任制」，臺灣企業若無能力主導某個環節的核心技術，就永遠只能依附制度規則遊戲；而一旦制度規則改變，企業就可能面臨「技術能做、但沒人讓你做」的荒謬處境。

這也是為什麼，臺灣在此刻除了強化自研 IP、EDA 替代方案與異地備援產線，更需進入制度標準的起草與談判。否則即使你製造技術全球第一，也可能被一句「不符合合規標準」排除於全球市場之外。

第六章　供應鏈的新鐵幕：關鍵技術的封鎖、轉向與重構

真正的封鎖，
不是你不能發明，而是沒人讓你使用

　　當代科技封鎖的最高形式，不是擋你發明、禁你研究，而是讓你被排除於使用與流通的體系之外。技術在手，卻無權使用；模組開發完成，卻無法驗證；供應鏈健全，卻被視為風險源 —— 這才是現代版的「新鐵幕」。

　　而在這場無聲的供應鏈重組之中，唯有同時掌握技術節點與制度節點的國家，才能成為新體系的建構者；其他的，只能是被動適應者與隨時可被替換的「代工附庸」。

　　臺灣的未來，不能只靠「製得出來」，更要能夠「讓世界接受我們的製造能夠進入可信任體系」；而這關鍵，不再是技術本身，而是制度話語權的掌握。

第二節　日美荷同盟與中國高端科技圍堵鏈的形成

高端技術成為「地緣管制」的核心武器

從半導體到 EUV 光刻機，從 AI 晶片到關鍵材料製程，過去這些被視為專業技術領域的產物，如今正成為主權政治、國際法制與貿易策略交會的焦點。高科技，不再只是產業競爭，而是國家戰略邊界的延伸。

2023 年初起，美國、荷蘭與日本三方達成歷史性的出口管制協議，針對極紫外光（EUV）與深紫外光（DUV）光刻設備、先進 AI 加速晶片與製程設備出口中國的限制條款正式上路。這項協議背後的政治與戰略意涵極為深遠，象徵著一條「民主科技供應鏈」與「威權科技供應鏈」的明確分界線正式劃出。

這場不流血的封鎖，構成了當代最關鍵的地緣技術圍堵鏈，而主導這場封鎖的不是軍隊，而是來自美國、荷蘭與日本的官僚機構、技術部門與出口審查小組。

第六章　供應鏈的新鐵幕：關鍵技術的封鎖、轉向與重構

美國：以管制架構定義敵我技術邊界

美國自 2022 年《出口管制強化行政命令》開始，逐步擴大對中國 AI、高效運算與先進製程晶片的出口限制。重點並不只是限制晶片本體，而是全面斷絕中國製造先進運算系統所需的整體技術環境，包括：

- NVIDIA、AMD 的高階加速卡（如 A100、H100）全面限制對中出口；
- 禁止美籍人士參與中國本土 AI 晶片研發；
- 限制 EDA（電子設計自動化軟體）、矽智財 IP 等技術平臺的授權。

這些限制不僅直接衝擊中國本土科技公司（如華為、寒武紀、阿里平頭哥），也讓全球供應鏈開始進入「美國標準／非美標準」的二元選擇模式。

荷蘭：ASML 成為全球技術圍堵的槓桿點

荷蘭擁有全球唯一的 EUV 光刻機製造商 —— ASML（艾司摩爾公司）。該公司生產的 EUV 設備是製造 3 奈米以下晶片的唯一工具，技術源自荷美合資，但製造能力集中在歐洲本土。

在美國長達數年的外交與安全壓力下，2023 年荷蘭政府正式宣布禁止 ASML 出口先進 EUV 與部分高階 DUV 機型至

第二節　日美荷同盟與中國高端科技圍堵鏈的形成

中國。此舉使中國幾乎失去在地開發先進製程的可能性，並明確將 ASML 納入「民主科技同盟」的戰略網絡中。

這場出口管制的關鍵不只是技術斷鏈，而是技術主權的再分配：荷蘭以制度合法性，將企業競爭轉化為國際責任。

日本：材料與製程關鍵環節的隱形管控

日本雖不生產 EUV 設備，卻掌握晶片製造所需的多項材料與關鍵製程技術，例如：

◆ 超純氟化氫（HF）與光阻劑（photoresist）；
◆ 光罩與掩膜技術；
◆ 高階製程用陶瓷與拋光薄膜材料。

2023 年起，日本經產省修改出口審查條例，將上述材料全面納入對中限制清單。這代表中國即使擁有製造設備，也難以取得製程穩定所需原料。日本的角色類似「高科技供應鏈中的隱形閘門」，使得整體封鎖鏈更為完整。

三方協議的制度邏輯：
建立「國際技術標準聯盟」

這場日美荷聯手的封鎖行動，不僅是貿易限制，更代表一場以制度為核心的「國際技術標準聯盟」的興起。其邏輯

包含：

- 不依賴 WTO 或瓦聖納架構，而是建構於協議與行政命令：避免冗長的國際談判流程，強調機動、同步、即時性。
- 以共同風險定義敵我，而非單純國籍或產業區分：例如規定「與中國軍工企業有合作背景」即視為高風險出口對象。
- 以供應鏈溯源系統做為實施基礎：所有高科技零組件與系統需可稽核來源與最終用途，形成「信任導向型貿易系統」。

中國的反應與應對：自主替代與逆向創新

面對這一波封鎖，中國提出「強鏈補鏈」與「自立自強」戰略，目標在於：

- 建立國產半導體裝備企業（如中微、北方華創）的生產能量；
- 增強 EDA 工具國產研發（如華大九天）；
- 建構境內設計—製造—封裝—材料的整合體系。

但這些動作仍受到關鍵設備與材料缺口的嚴重限制，因此中國逐步轉向「逆向創新」與「模組再設計」路線，例如用

> 第二節　日美荷同盟與中國高端科技圍堵鏈的形成

舊版機臺微調設計參數,模擬製造 7 奈米以下產品。

此舉讓全球進入一種「制度競賽＋科技創新繞道」的雙軌對抗階段,即使無法完全禁制,也能延遲、阻礙、加大開發成本。

臺灣的雙重風險與制度挑戰

作為全球晶圓代工中心,臺灣在這條技術圍堵鏈中既是核心執行者,也是高風險區。台積電、聯電等企業需遵守美國出口規範,限制為中國設計或製造高階晶片。這代表:

◆ 臺灣企業無法自由接單,需依據美國出口管制清單判讀風險;
◆ 即便技術在臺灣完成,但若設計來自中國亦可能被視為違規;
◆ 在技術限制與市場需求間,臺灣被迫成為「制度代理人」與「執行者」角色,增加制度壓力與合規成本。

同時,臺灣企業與政府尚未建立完整的「高科技出口管制合規平臺」,導致對國際新法規的理解、應對速度與談判空間遠落後於日美荷主導者。

第六章　供應鏈的新鐵幕：關鍵技術的封鎖、轉向與重構

高科技的地緣重構不再是未來，而是現在進行式

日美荷三方聯盟代表的不只是三個國家的產業利益，而是一種全球科技秩序的政治規格劃分：民主體系將科技納入制度統合，建立敵我辨識機制；威權體系則以國產替代與逆向創新對抗。

這一場無聲的科技戰爭，將重塑未來全球技術流通的邊界，也將決定哪些國家能成為「可信任科技體系」的一員。

臺灣若想在這場封鎖與制度重組中不被邊緣化，必須從「技術供應者」升級為「制度參與者」，主動建立合規系統、對外政策接口與多邊對話平臺。否則，我們終將在被要求選邊的過程中，失去主體，也失去空間。

第三節　供應鏈再設計：印度、越南與墨西哥成為新接點的戰略背景

從效率邏輯轉向風險邏輯：
全球供應鏈設計的核心轉移

過去四十年，全球供應鏈的設計原則圍繞著成本最低、速度最快、協同最佳的邏輯，將勞力密集型產業外包給亞洲與南美地區，將資本密集型製造集中於中國、德國與美國等核心製造區。這套效率邏輯在全球化時代大放異彩，讓蘋果、NIKE、波音、三星等企業得以搭建跨境製造帝國。

但自 COVID-19 疫情爆發以來，供應鏈斷鏈、運費飆升、港口塞船與地緣戰爭等事件連番爆發，企業與政府才真正理解：效率不是唯一指標，韌性與風險分散才是生存關鍵。尤其在美中科技脫鉤加劇之下，「供應鏈再設計」不只是企業策略，而已成為國家安全政策的延伸。

於是，一場全球性的供應鏈重排工程悄然展開，而印度、越南與墨西哥，正成為這波再設計行動中的三個新戰略核心。

第六章　供應鏈的新鐵幕：關鍵技術的封鎖、轉向與重構

印度：從「世界後臺」躍升為「可信任製造國」

在美中對抗加劇下，印度以其龐大市場、地緣戰略地位與 IT 產業基礎，迅速被納入「中國＋1」或「去中國化」的優先選項。美國、日本與歐盟紛紛在印度建立製造基地，不只是看中其人口紅利，更是希望打造出一個「不受中國制度制約、卻能承接中高階製造」的新型夥伴。

蘋果自 2022 年起將 iPhone 部分產能轉至印度，由鴻海與和碩擴建清奈與班加羅爾產線。2025 年，蘋果更宣布印度生產的 iPhone 已占全球出貨量超過 20%。同時，Google、微軟與 Meta 也分別投入數十億美元在印度設立伺服器與 AI 研發中心。

然而，印度的瓶頸在於基礎建設、制度效率與貪腐風險。儘管總理莫迪積極推動「自力更生印度」政策與產業誘因計畫（PLI Scheme），但土地取得、地方政府協調與勞工關係仍有待改善。對跨國企業而言，印度是有潛力的新接點，但仍須長期布局與制度熟悉才能完全接軌。

越南：供應鏈碎片化下的快速獲利者

與印度相比，越南在製造業供應鏈轉移中成效更為顯著與直接。自美中貿易戰開始後，臺商、韓商與日商即將大量中階製造轉往越南，包括成衣、鞋業、手機組裝、電腦零件

第三節　供應鏈再設計：印度、越南與墨西哥成為新接點的戰略背景

與網通產品。到 2025 年，越南已取代中國，成為美國第二大消費電子產品進口國。

三星在河內的工廠成為其全球手機組裝重鎮；仁寶、和碩、廣達等臺商也紛紛在胡志明市與海防設立新廠。Google Pixel、Amazon Fire 系列與戴爾部分筆電已在越南組裝完成後直送美國市場。

越南的優勢在於對外協議多元、政局穩定、勞工成本低，同時積極與美國談判升級為「戰略夥伴國」，吸引外資加速進駐。然而，其弱點也十分明顯：技術人才不足、零組件本地供應比重低、港口物流尚未現代化。因此，越南目前多為「末端組裝」據點，尚未形成完整供應鏈生態。

墨西哥：地緣與關稅聯盟下的近岸製造首選

在美國大力推動「近岸外包」（nearshoring）政策後，墨西哥因與美國地理相鄰、簽署 USMCA 與免稅出口優勢，迅速躍升為北美供應鏈重組的首要選擇。從汽車零件、太陽能模組到醫療用品與電池製造，墨西哥成為美企降低對中依賴的首選工廠。

特斯拉、GM、Ford 紛紛將部分電動車電池與組裝模組遷至墨西哥；臺灣企業如佳世達、正崴也於 2024 年於蒙特雷、瓜達拉哈拉設立組裝線。更重要的是，墨西哥提供較中

第六章　供應鏈的新鐵幕：關鍵技術的封鎖、轉向與重構

國更低的地緣風險與較少的技術授權障礙，讓北美企業在安全、政治與合規三方面都能降低不確定性。

然而，墨西哥的治安問題、基礎設施老化與貧富不均現象，仍造成企業營運上的管理成本與社會風險。在全球大廠轉向墨西哥的同時，也開始出現「同區搶資源、地價飆漲、地方政府不穩」等再度集中化的潛在副作用。

臺灣角色：
從單一據點轉向全球化節點的轉型壓力

在這波供應鏈重組過程中，臺灣的角色顯得格外關鍵但也矛盾。一方面，臺灣企業是供應鏈重構的主力推手與執行者，在印度、越南、墨西哥皆有布局；但另一方面，臺灣本島也正面臨被去集中化的壓力──特別是在美國《晶片與科學法》與科技去風險化的政策推動下，國際要求製造分散、資料可追蹤、產線多元已成為主流風向。

這迫使臺灣不只做出口基地，更要做「可信任的全球供應節點管理者」──例如協助客戶實現供應來源多樣化、提供高風險地區轉單支援、或設立符合歐美法規的供應透明報告鏈。

這是一種從「製造型國家」轉為「製造策略協作國」的過程，不再只是能做、做快、做便宜，而是能幫全球品牌處理地緣風險、制度風險與品牌信任風險的整合服務者。

第三節　供應鏈再設計：印度、越南與墨西哥成為新接點的戰略背景

新興接點不是「取代中國」，而是「重構邏輯」

　　印度、越南與墨西哥並不會簡單地「複製中國模式」，它們的優勢與限制皆與中國不同。它們的崛起代表著一個更根本的變化——全球供應鏈正從單一中心向多節點協作、從效率導向轉為韌性導向、從地理成本轉為制度信任。

　　而在這場重構中，真正具備主導地位的，不是誰擁有最多工廠、最多工人，而是誰能同時統籌資訊流、金融流、技術流與政治信任流。這將決定下一輪全球製造版圖的權力配置。

　　臺灣若能善用自身經驗與制度可信性，不只留在製造鏈中，更升級為「風險轉譯者」與「供應策略整合者」，將能在這場供應鏈重寫大戰中，穩住核心地位而不被邊緣化。

第六章　供應鏈的新鐵幕：關鍵技術的封鎖、轉向與重構

第四節　開源硬體與技術規避的灰色交界 —— 另類創新還是另類依賴？

當技術變成封鎖武器，開源變成生存戰術

當先進設備、設計工具與製程技術逐漸被納入國安邏輯與出口封鎖範疇後，許多國家與企業開始尋求非傳統管道繞過制度障礙，開源硬體與開放設計架構便在此背景下重新獲得戰略關注。

從 RISC-V 處理器架構到開源 EDA 工具、從開放晶片模組到群眾協作式的 IC 設計平臺，這些原本屬於「學術圈實驗室與極客社群」的創意工具，如今被俄羅斯、中國、伊朗、印度乃至部分歐洲中立國視為脫鉤世界裡的技術備援機制。

開源，不再只是技術民主或創新共享的代名詞，而成為一種制度對抗的地緣戰術。

RISC-V：自由架構還是戰略管道？

RISC-V 是一種由美國加州大學柏克萊分校於 2010 年推出的開放式指令集架構（ISA），任何人都可自由使用、修

> 第四節　開源硬體與技術規避的灰色交界—另類創新還是另類依賴？

改、部署，無需授權費。這項架構的非專利性與高度模組化，使其成為中國在被禁止使用 x86（Intel）與 ARM（英國安謀）後最積極布局的處理器基礎。

中國官方與產業界自 2020 年起大力投資 RISC-V 生態系，推動設計公司、IP 供應商與大學研發形成完整替代體系。2024 年，華為旗下子公司發布自研 RISC-V 晶片「崑崙 K3」，雖性能尚未達到高階水準，但已可支援主流嵌入式系統與中階 AI 應用。

同時，俄羅斯也因遭受西方封鎖，轉向 RISC-V 架構，開發軍用與工控專用處理器，伊朗則用其建立「自製國產防火牆設備」與加密通訊模組。RISC-V 的「無主權限制」設計，在戰略環境中被賦予了脫鉤生存的任務。

然而，美國近年開始檢討其對 RISC-V 的開放政策，國會提出「限制特定國家使用美國起源開源架構」的提案，企圖以開源平臺下的模組授權、IP 衍生品或商業應用端為監管切入點，預示未來即便是開源，也難完全脫離制度控制。

開源 EDA：替代工具還是危機模擬平臺？

在 EDA（電子設計自動化）方面，由於 Synopsys、Cadence 等商業軟體被列為出口管制項目，中國與俄羅斯大量投資開源 EDA 專案，如 Yosys（合成工具）、OpenROAD（布

第六章　供應鏈的新鐵幕：關鍵技術的封鎖、轉向與重構

線與放置）、QFlow（整合式流程管理）等，並試圖建立不依賴美國商業軟體的 IC 設計流程。

雖然這些工具在複雜度、錯誤容忍率與大規模晶片模擬效率上仍明顯落後，但在訓練工程師、模擬設計邏輯與低階產品開發上已具一定實用性。更重要的是，它提供了一個「不需要受審核、不會被審查」的設計環境，讓受限國家可建立基本國防與工業控制 IC 設計能力。

不過，開源 EDA 的風險在於其極度仰賴社群維運與自願貢獻，一旦缺乏關鍵開發者參與，便容易陷入停更或安全漏洞堆積。此外，由於開源工具在國際社群中交叉混用，部分美國企業擔心其研發成果被間接套用於對抗國家之技術模擬，引發「逆向創新合法性」的討論。

開放設計平臺：
民主化創新或「無人監管」的灰色出口？

除基礎架構與工具外，各國也透過開放設計平臺推動大眾參與晶片設計，例如 Google、DARPA 與臺灣的晶心科技等提供低門檻的 IC 設計流程雲端模擬，讓學生、開發者、小型企業得以在短時間內完成功能性晶片原型。

中國、印度、馬來西亞等新興市場也跟進設立「全民 IC 計畫」、「設計即訓練平臺」等專案，以建構自主設計人才池

> 第四節　開源硬體與技術規避的灰色交界—另類創新還是另類依賴？

與實作資料庫。這些計畫雖促進人才培育，但也被質疑成為監管真空中的技術逃生艙。

美國與歐盟開始警覺開放平臺可能遭到「雙重用途濫用」，例如用於軍用模擬、加密傳播或物聯網監控模組，因此開始要求開源平臺落實用戶驗證與使用範圍聲明，這也反映出：即使開源，也不再被視為無風險的純粹創新載體。

臺灣的開源實力與戰略模糊地帶

臺灣是全球少數同時擁有 IC 設計實力、開源社群參與度與開放資料素養的國家。臺灣開源硬體社群如 OpenHW、RISC-V Taiwan、Hsinchu Hackerspace 長年與國際學術與商業平臺合作，也在全球設計比賽中展現優異表現。

然而，臺灣並未明確釐清政府在「開源硬體國際貢獻 vs. 技術濫用風險防範」上的制度立場。若未來開源成果被用於制裁規避、國防模組建置或遭敵對國家技術套用，臺灣可能被視為「中立灰地」而面臨壓力。

此情況下，臺灣需建立開源技術之國安管理機制，如開放技術輸出預警系統、晶片設計平臺使用溯源、學研項目出口雙重用途審查等，以保障技術貢獻的價值，同時避免成為技術避風港或封鎖繞道平臺。

| 第六章　供應鏈的新鐵幕：關鍵技術的封鎖、轉向與重構

灰色空間中的開源創新,是風險還是機會?

在一個制度越趨封閉、技術出口越趨敏感的世界裡,開源既是創新逃生門,也是國際治理真空中的高風險交界地。對部分國家而言,它是一種逆勢中的技術突圍;但對其他國家而言,它可能是潛藏於共享名義下的制度漏洞。

臺灣身處開源技術與高端製造交會點,更應以制度治理補足開放創新的安全邊界,才能在灰色競技場中,成為可信任的技術提供者,而非無法被信任的風險轉運站。

第五節　臺灣製造的全球節點角色：在地緣壓力下的分散化與系統轉型

從中心轉向節點：臺灣角色的權重變形

過去三十年，臺灣製造在全球被視為「中樞型節點」：尤其在半導體、伺服器、光電與精密電子領域，臺灣不僅是關鍵零組件生產地，更是設計、封裝、測試與供應鏈協調的核心。從台積電的晶圓代工，到仁寶、廣達的系統整合，再到聯發科、瑞昱的 IC 設計，全球科技業的許多核心產品都有「Made in Taiwan」的軌跡。

然而，進入 2020 年代後，隨著地緣風險升高、美中競爭升級與供應鏈「去集中化」趨勢明確，臺灣製造的角色逐漸從「無法替代」的中心轉為「需被備援」的系統節點。這不是能力問題，而是信任風險與戰略彈性需求的現實反映。

換句話說，臺灣依然關鍵，但不再被允許獨占。各國正要求臺灣企業「全球分散、制度對接、風險預警、技術透明」，這是一場由外部壓力推動的結構性再定位。

第六章　供應鏈的新鐵幕：關鍵技術的封鎖、轉向與重構

美國的去中心化要求：不是排除，而是再配置

2022年起，美國通過《晶片與科學法》(CHIPS and Science Act)提供超過500億美元補助，要求獲補助企業在美國本土設廠，並限制其在中國12奈米以下產能的投資擴充。台積電於亞利桑那設廠便是此政策的直接產物；而聯電、日月光、矽品等也先後規劃於德州與俄亥俄投資封裝與測試中心。

這些行動的意義不是「取代臺灣」，而是要求臺灣企業將其製造能力與技術支援全球「落地化」與「制度化」。美國希望的不只是晶片產能，更是一套與其制度同步的供應鏈安全體系。

但這同時也讓臺灣企業面臨前所未有的挑戰：如何在保有技術領先與資產控管的前提下，將資源、人才與管理模式「多地複製」，且避免技術核心因全球化擴張而流失或遭逆向工程。

歐日的制度同步壓力與科技標準議題

歐盟推動的《歐洲晶片法案》與日本的「國家半導體復興戰略」也都包含臺廠在地布局的意圖。台積電與Sony合資於日本熊本興建晶圓廠就是明確案例。歐洲方面則積極遊說臺灣在德國、荷蘭與法國設立材料加工與後段製程據點。

第五節　臺灣製造的全球節點角色：在地緣壓力下的分散化與系統轉型

但與美國不同，歐日更在意技術規範一致性、供應鏈碳足跡揭露、ESG 制度融合與資料共享平臺建立。這對臺灣企業而言，是一種全新的合規壓力與軟制度接軌挑戰。

以碳足跡為例，歐盟 CBAM（碳邊境調整機制）即將於 2026 年全面實施，若臺灣電子業無法提供符合歐盟規格的碳揭露資料，未來出口至歐洲可能面臨額外碳稅甚至被排除於綠色採購清單之外。

臺灣的分散化布局現況與結構性挑戰

截至 2025 年，臺灣已有數十家科技製造業者於東南亞、南亞與美洲設廠，主要集中於：

- 越南與泰國：筆電、伺服器、網通組裝
- 印度：手機、電視模組與零件組裝
- 墨西哥：車用電子、伺服器與自動化機構整合
- 美國與日本：先進製程晶圓與高端封測

然而，這些分散多為「複製製造產能」而非「複製核心研發能力」，技術開發仍集中於臺灣本島或新竹科學園區。若面臨戰略性突發事件，如斷鏈、制裁、禁運、航線受阻等情況，各地分廠恐難快速升級以承接全鏈責任。

再者，臺灣企業在境外設廠仍面臨當地政策不確定、勞

第六章 供應鏈的新鐵幕：關鍵技術的封鎖、轉向與重構

工文化差異、資訊安全風險與產業人才短缺等瓶頸。這使得「分散」雖為戰略趨勢，但「真正系統轉型」卻尚在起步階段。

轉型方向：從製造力導向轉向整合服務導向

為因應這波全球化解構與區域化重構，臺灣製造必須轉向「高信任供應鏈協作平臺」的角色，意即：

◆ 不只是生產者，而是全球製造風險管理顧問
◆ 不只是產能提供者，而是技術節點監控者
◆ 不只是接單出貨者，而是制度對接與資料信任中介者

這將要求臺灣企業加速建構以下能力：

◆ 供應鏈信任驗證平臺（例如用區塊鏈進行製造履歷溯源）
◆ 多國碳排規範整合資料中心
◆ 跨境標準符合認證與轉單機制
◆ 技術模組外部授權與內部封閉式版本控管制度

臺灣未來若想保持其在全球製造版圖中的主導性，就必須超越產能導向，升級為可信任製造生態系統的策動者與架構師。

第五節　臺灣製造的全球節點角色：在地緣壓力下的分散化與系統轉型

在鐵幕拉起之前先打造制度空港

供應鏈的新鐵幕，不會是一夕之間落下，而是逐步建構於制度、標準、信任與協議之中。在這樣的格局下，臺灣不能再只是坐擁製程優勢，而要主動建立一套足以面對未來金融、碳稅、技術與政治整合的產業系統。

這不只是轉型製造的問題，而是維持國家經濟韌性與國際合作合法性的根本命題。臺灣若能在封鎖尚未全面升級前，完成技術分散、制度備援與國際信任建設，便能以更大的迴旋空間走過這場無硝煙的供應鏈再戰時代。

第六章　供應鏈的新鐵幕：關鍵技術的封鎖、轉向與重構

第七章

科技巨頭的跨國對撞：稅制、壟斷與主權

第七章　科技巨頭的跨國對撞：稅制、壟斷與主權

第一節
數位稅與國家稅收權的對抗

稅不只是財政問題，而是主權的最後戰場

　　傳統國際稅制的設計，建立在貨物有實體、有國界、有場所這個基本假設上。然而當數位平臺崛起，商業活動穿透國境、資料在雲端流轉、用戶分布跨國而廣時，這一切假設被徹底瓦解。

　　科技巨頭以極低的實體設置成本，便能在各國取得龐大利潤，卻以母公司設於低稅率司法轄區為由，避開了應有的稅負責任。Google、蘋果、Facebook、Amazon、Netflix（合稱「GAFA+N」）透過「雙層愛爾蘭夾荷蘭三明治」等轉讓定價與商業構架技巧，使其在高收入國家幾乎不繳納實質稅金，形成一種跨國稅收主權的侵蝕現象。

　　各國政府隨之而來的反應，不再是單純提升稅率或加強審計，而是從根本上質疑：科技平臺是否仍應享有全球化下的稅務自由？還是應依據用戶所在國貢獻營收，繳納公平比例稅金？

第一節　數位稅與國家稅收權的對抗

這場辯論逐步演變為一場數位經濟體制的再談判，而它的第一個制度性戰場，就是「數位稅」（Digital Services Tax, DST）。

數位稅：歐洲率先出招的「反平臺稅權宣言」

法國在 2019 年領先全球實施數位稅政策，針對全球營收超過 7.5 億歐元、且在法國國內營收超過 2,500 萬歐元的科技企業，徵收 3% 的數位服務稅，適用對象幾乎完全鎖定於美國科技巨頭。緊接著，義大利、西班牙、英國與奧地利紛紛跟進實施類似稅制，形成歐洲主權稅收回收聯盟。

歐洲的立論核心在於：「你用我們的人民、數據與網路基礎建設賺錢，就應在我們這裡繳稅」。這種邏輯重塑了稅的本質：從「利潤源地課稅」轉為「價值產生地課稅」。

但這些舉措隨即引發美國強烈反彈。川普政府宣布對法國酒類、化妝品徵收報復性關稅作為反制；拜登政府雖態度更為溫和，仍堅持需經由 OECD 協調統一稅改，避免全球出現「數位稅碎片化」的趨勢。

這場「你課我稅、我報復你商品」的制度對撞，象徵著科技主權與經濟主權之間的首次全球衝突，其深層矛盾在於：美國科技企業賺遍全球，卻不願讓利於市場所在地；而各國政府則面臨稅基空洞化與國民輿論反彈壓力，不得不祭出制度反制。

第七章　科技巨頭的跨國對撞：稅制、壟斷與主權

臺灣的處境：本地貢獻，本地無稅？

臺灣長年為科技與數位內容的消費大國，但至 2025 年為止，仍未針對跨境科技服務平臺徵收全面性數位稅。Google 與 Meta 在臺灣每年廣告營收超過 300 億新臺幣，Netflix、Spotify 也在本地擁有數百萬訂閱戶，但這些企業大多透過新加坡、愛爾蘭等地設立收費機構，以「跨境服務」名義規避臺灣課稅義務。

即便財政部 2021 年推動「境外電商課徵營業稅機制」，要求境外平臺在臺登記繳納 5% 營業稅，但此項稅收僅針對交易金額本身，未觸及數位廣告利潤、資料商業化與本地用戶貢獻價值部分，難以反映科技平臺在臺獲利的實質比例。

這造成兩種不公平：

- 本地中小創作者須全額繳稅與社保費用，而跨國平臺抽成卻免於企業稅義務。
- 政府無法從平臺商業行為中取得透明資料、用戶影響規模或廣告營收內部帳目，造成稅收管轄力喪失。

臺灣若不跟進全球數位稅制度建構，恐將在全球稅務合作中逐漸喪失談判能量，也將進一步助長「平臺主權壓過國家主權」的現象。

> 第一節　數位稅與國家稅收權的對抗

OECD 的全球最低稅制協議：制度統合還是形式妥協？

為因應此現象，OECD 與 G20 自 2019 年起推動稅改雙支柱架構，至 2021 年達成全球 136 國共識，內容包含：

- 第一支柱：大型跨國科技企業需在消費地或用戶所在地國家分配利潤，建立「營收貢獻地課稅邏輯」。
- 第二支柱：制定全球最低企業稅率為 15%，防止企業將利潤轉往稅率極低地區。

該協議預定於 2024 年啟動實施，適用對象為營收超過 7.5 億歐元的企業，實質將使蘋果、Google、Meta 等企業無法再透過加勒比海島嶼或盧森堡等地避稅。

但批評者指出，OECD 架構過於繁複，各國落實步調不一，且針對 AI、資料使用、廣告點擊與非營利轉換模式之利潤分攤計算仍缺明確公式，使得實際落地仍具不確定性。

稅收是一場無形的經濟主權爭奪戰

數位稅爭議，不只是財政部門與科技公司間的糾紛，而是國家如何在主權逐漸被科技平臺削弱的年代，重建其管轄權與治理正當性。

第七章　科技巨頭的跨國對撞：稅制、壟斷與主權

　　若未建立有效的稅收制度架構，不僅國庫損失，更會逐步使數位領域變成「無國界但有利潤」的企業殖民地。

　　而對於臺灣而言，這場爭戰不僅關乎公平納稅，更關係到在未來全球制度整合中是否能坐上談判桌、爭取合理位置，或只是被動接受遊戲規則的參與者。

第二節
G7 與科技業巨頭的避稅戰爭

避稅不再是灰色地帶,而是結構性策略

在全球化與數位經濟快速融合的二十年間,科技巨頭成為全球市值最高、獲利最穩定的企業群,但它們卻也是全球稅負最低的實體之一。蘋果在 2020 年前十年間全球繳納的實質稅率僅約 12%,Facebook 的某些年度甚至低於 10%,Amazon 近年多次因折舊與投資抵減,出現「營利但不繳稅」的現象。

這並非會計錯誤,而是精準設計的資本架構與全球稅制落差的組合操作。科技巨頭利用「利潤移轉」(profit shifting)、「轉讓訂價」(transfer pricing)、「無形資產授權」(IP licensing)與「離岸控股公司」(shell company)等機制,讓大部分營收與利潤落地於稅率極低的司法管轄區,如開曼群島、愛爾蘭、盧森堡、新加坡與百慕達。

這使得國家間的稅收競爭變質為平臺爭奪競爭。稅率不再只是鼓勵投資的工具,而變成吸引數位主權逃逸者的地緣策略,最終形成一種「跨國企業擁有選擇政府的自由,但政府卻無法有效徵稅」的結構性失衡。

第七章　科技巨頭的跨國對撞：稅制、壟斷與主權

G7 出手：從全球稅協調到平臺外交反制

面對這種現象，G7 在 2021 年於倫敦召開財長高峰會，達成一項歷史性共識：科技巨頭與跨國企業應無條件遵守全球最低企業稅率 15%，並就其「用戶價值所在地」重新分配利潤。這是二次大戰後首度由主權國家聯手對抗跨國企業所形塑的制度性稅收架構。

此共識最終促成了 OECD / G20 稅改「雙支柱」協議，旨在：

- 限制稅基侵蝕（BEPS）
- 消除稅收「逐底競爭」（race to the bottom）
- 強化各國在數位經濟時代的主權徵稅權

儘管政策方向獲得國際支持，但在實務落實上遭遇重重困難。科技業巨頭反制方式也相當策略化：

- 遊說外交：蘋果與 Meta 在歐盟與美國國會大量資助智庫、媒體與產業聯盟，影響對稅制改革的敘事框架。
- 結構轉型：Google 將愛爾蘭控股公司拆解為多個「平臺即服務」獨立法人，透過服務收費與資料授權拆解利潤歸屬。
- 合法脫鉤：Amazon 直接將歐洲總部搬遷至盧森堡，聲稱其服務僅提供「雲端接取」，非傳統跨境交易，主張應回歸使用地課稅原則。

第二節　G7與科技業巨頭的避稅戰爭

這些手段反映出：平臺早已進入「稅制戰術化時代」，其法務與財稅團隊不再只是合規維持者，而是地緣政策交涉者與制度避險建築師。

歐洲的單邊反擊與美國的雙重標準困境

歐洲面對科技巨頭避稅問題極度敏感，不僅因其稅收受損，更因其社會輿論對大型平臺壟斷與民主干預感到不安。歐盟法院曾三度對蘋果、Amazon 與 Facebook 裁罰上億歐元，指其違反國家補貼規範與稅收合約透明原則。

然而，美國作為這些企業母國，在稅收爭議上態度矛盾。表面上支持全球稅改，但實際上常以「打擊美國企業競爭力」為由延後法案執行或放寬技術定義。這讓歐洲多國開始採取單邊報復行動：

◈ 法國宣布對未合作平臺調高廣告稅與線上交易費
◈ 西班牙與義大利實施「資料商業化附加稅」
◈ 德國政府要求大型平臺在德國建立資料透明審核機制並配合即時徵稅演算

這些措施被科技業視為變相稅收壁壘，也使歐美在數位政策上的制度一致性遭遇裂解風險。

第七章　科技巨頭的跨國對撞：稅制、壟斷與主權

稅制衝突的本質：誰擁有使用者，誰擁有主權？

稅收戰爭其實直指一個核心問題：科技平臺的主體到底在哪裡？他們服務的是市場，還是操控的是主權？

當使用者是臺灣人、平臺伺服器在美國、金流走愛爾蘭、演算法訓練於印度、廣告投放來自新加坡時，哪一國才有權徵稅？哪一國有權審查交易內容？

科技巨頭希望答案是「沒有人擁有我」，而各國政府則希望是「我能擁有我人民的商業價值與資料稅基」。這場衝突的本質，是平臺化資本主義對傳統主權國家的結構挑戰，而稅收只是第一個破口。

制度疲乏時代的主權重啟點

全球最低稅率協議不只是財政工程，而是主權自我防衛的一種制度重啟。它不會一夜完成，也不能徹底遏止避稅，但它象徵一場跨國對科技資本主導權的反撲。

對臺灣而言，若欲在全球稅收重構過程中保有治理彈性與制度信用，不能只是被動接受最低稅制，而應主動建立資料稅基揭露框架、參與多邊稅務協議談判、培養平臺財稅人才與制度工程師，從稅制回收走向制度輸出。

第三節
雲端主權與資料區域化政策擴散

資料在哪裡,主權就延伸到哪裡

當企業與政府紛紛將系統遷移至雲端、社交互動與商業交易幾乎全數數位化後,資料的儲存地與處理流程,成為一國主權能否實質落地的關鍵判準。從前主權依附於疆界與軍力,如今則與雲端資料中心的邊界與控制權緊密綁定。

這樣的思維推動了近年一股全球潮流:資料區域化(data localization)政策興起。它要求資料必須儲存在本國境內,或在進出境前須經特定審查、加密與批准,並納入本地法規監管,這被稱為雲端主權(cloud sovereignty)。

這不是單純的資訊安全政策,而是一場以制度形式展現出來的經濟主權再造運動。在這場運動中,各國對象不再是敵對國家,而是以 Amazon Web Services(AWS)、Microsoft Azure、Google Cloud、Oracle Cloud 為代表的全球科技平臺。

第七章　科技巨頭的跨國對撞：稅制、壟斷與主權

歐盟的數位主權戰略：從 GDPR 到 GAIA-X

歐盟是推動雲端主權最具系統性的地區。2018 年《一般資料保護規則》(GDPR)實施後，歐盟正式確立個人資料不得在未授權情況下轉出境外，並對平臺資料處理設定「預設保護」、「明確告知」、「用戶同意」等法律義務。

這套制度架構不僅成為全球資料治理的範例，也逐步推動跨國企業進行「資料儲存本地化」與「處理流程內嵌於歐盟法律」的調整。

為進一步掌控基礎設施層級的資料主權，歐盟於 2020 年提出「GAIA-X 計畫」，目標是打造一套歐洲自己的開放標準雲端架構，讓企業與政府可選擇不依賴美國巨頭的數據處理平臺，甚至強化 AI 模型訓練與 IoT 資料儲存的法規綁定。

雖然 GAIA-X 進度緩慢且遭遇商業生態整合困難，但它反映出：雲端不再是自由市場下的效率選擇，而是制度與主權鬥爭的前線。

中國的「數據主權閉環」與出境審查制度

中國早在 2017 年實施《中華人民共和國網絡安全法》即明文規定：關鍵基礎設施營運者的個資與重要資料必須「境內儲存」。2021 年再以《中華人民共和國個人信息保護法》與

第三節　雲端主權與資料區域化政策擴散

《中華人民共和國數據安全法》將資料主權提升至國安層級。

2022年,中國更建立資料出境「安全評估制度」,要求境內產生之數據在出口前,需經過審查流程,包括資料量、敏感性、用途與境外接收方法律義務。此制度實質構築一套封閉的資料治理體系,使得國際雲端平臺幾乎無法將中國用戶資料儲存在海外,亦無法避開中國法規干預。

同時,中國持續扶植阿里雲、騰訊雲、華為雲等本土雲端服務,逐步取代 AWS 與 Azure 的基礎服務角色。這也讓中國形成一個具有完整制度與技術閉環的雲端主權體系,雖不自由,卻高度可控。

印度、巴西、印尼的雲端主權實驗室

在全球南方,越來越多中型經濟體加入資料區域化行列。印度政府自 2018 年起便要求金融業、電商、電信與社群平臺,必須將敏感資料儲存在境內。雖未強制全平臺儲存於印度境內,但對 Google、Meta、Amazon 等企業施加實質壓力,並透過政策與稅收誘因鼓勵建立本地資料中心。

巴西則在《巴西一般資料保護法》(LGPD) 基礎上,推動地方政府建立自己的雲端架構,並禁止美國企業於特定監控與選舉資料中扮演主導角色。印尼則針對宗教與政治資料特設儲存與審查規則,明示不受境外法管控的雲端平臺不得處

> 第七章　科技巨頭的跨國對撞：稅制、壟斷與主權

理相關類型資料。

這些動作代表：資料區域化已從歐中強權的戰略選項，變成中型國家維持政策主體性的現實手段。

科技巨頭的反制策略：架構變革與品牌重組

AWS、Azure 與 Google Cloud 對此趨勢非但無法否認，反而展開結構性因應：

- ◆ 地區雲（Sovereign Cloud）部署：AWS 在德國、法國、韓國設立主權雲端據點，承諾資料不出境、當地管理、可供監管審查。
- ◆ 合資公司重組：微軟與義大利政府合設 Azure Italy Cloud，Meta 也與印尼國企協議共同建置資料倉儲基地。
- ◆ 「不可用」與「選擇性限制」政策：Google 停止為俄羅斯提供企業級儲存服務，並調整其資料位置提示與傳輸方式，減少因資料跨境而引發的主權爭議。

但平臺的彈性與封閉始終並存。各國雖可要求平臺服從法令，但一旦無法控制演算法、模組更新與跨境備援結構，仍難稱真正主權落實。這使得雲端主權始終處於「可見控制」與「深層依賴」的矛盾結構中。

第三節　雲端主權與資料區域化政策擴散

臺灣的制度縫隙與未定戰略

　　臺灣目前對資料區域化並無強制規定，亦未設立針對境外平臺的資料存放與審查制度。雲端服務幾乎全數由 AWS、Azure 與 GCP 主導，資料儲存位置多在日本、新加坡或美國西岸，政府對於資料的「本地可得性」與「制度可控性」並無實質主導權。

　　雖已有零星政策要求國防、醫療與交通資料不可出境，但缺乏明確法源依據與中央雲端政策架構，也未設主權雲資源總表與資料中心分布規劃。這使得臺灣在遭遇高階資安事件、跨境司法爭議或政策風險時，可能無法即時掌握本國關鍵資料的實際位置與存取機制。

　　若要跟上國際雲端主權趨勢，臺灣應儘速推動：

◆　主權資料分級制度，明訂哪些類別資料須境內儲存。
◆　臺版資料治理法案，納入數位服務提供者與跨境資料轉移規則。
◆　公部門主權雲計畫，由中立資安審查機構認證資料中心設施與營運模式。

第七章　科技巨頭的跨國對撞：稅制、壟斷與主權

雲端不是虛無，而是政治現實的延伸

雲端從不是漂浮在高空的資料天堂，而是嵌入於地理、制度與資安主權中的極度敏感地帶。當資訊就是生產力、數據就是控制權，雲端的實體位置、平臺主權與法律邊界就成為國與國之間權力賽局的焦點。

對於臺灣而言，未來不僅要選擇在哪裡儲存資料，更重要的是選擇在誰的制度框架下執行這些資料的治理與應用。唯有主動參與數位治理談判，打造可信任的在地資料體系，臺灣才不會在未來的雲端主權秩序中被邊緣化、被託管，甚至被「系統斷線」。

第四節
科技平臺的政治影響與內容審查爭議

科技平臺，正在取代主權國家的輿論治理角色

在數位時代，社會輿論的主導力量不再是傳統媒體，也不完全來自政府，而是集中在掌握演算法分發權與內容可視權的科技平臺手中。從 Facebook、Twitter（現為 X）、YouTube，到 TikTok、Instagram、Reddit 等社群網路與影音平臺，每一家科技企業實際上都握有調控群體認知、重塑公共議程的能力。

這樣的能力，當然可以用來傳播知識、增進民主，但也可能淪為政治操控、資訊武器化、或企業自主封殺的工具。而這些企業，往往同時扮演「平臺中立者」、「內容守門人」與「商業獲利者」三重角色，其政策並不透明、其標準並不一致，其管控背後並無選舉正當性與公民參與機制。

於是，一場有關科技平臺是否應該具備言論裁決權、如何界定「審查」與「治理」的界線、以及政府是否能或應介入平臺治理的全球爭議，悄然爆發。

第七章　科技巨頭的跨國對撞：稅制、壟斷與主權

美國：言論自由與平臺管制的雙重試煉

美國作為這些科技巨頭的母國，面臨最棘手的矛盾——一方面它強調言論自由原則，不願過度干預平臺；另一方面，它卻也擔憂平臺被用於干預選舉、激化仇恨、或散布不實資訊。

2020 年美國總統大選後，Twitter 與 Facebook 一度封鎖川普帳號，理由是其煽動國會暴動行為違反社群準則。此舉引發右翼反彈，主張科技平臺濫權干預政治，違反《憲法第一修正案》的精神。川普本人則提起訴訟，並扶持另類社群平臺 Truth Social，試圖逃離主流平臺生態。

拜登政府則從另一角度提出改革構想，包含修改《通訊端正法》第 230 條（Section 230），取消平臺「既非出版者又無責任」的特殊法律地位，讓其對假消息與仇恨言論負起一定管理責任。

然而，此修法至今在國會卡關，美國陷入一種制度困局：平臺具有超主權影響力，卻不受制於任何民主監督結構，政府想控但無法控，社會想反制卻無處施力。

歐盟：走向規範的數位治理典範

歐盟則選擇以制度主導平臺行為，先後推出《數位市場法》（DMA）與《數位服務法》（DSA），明訂大型平臺對內容審

第四節　科技平臺的政治影響與內容審查爭議

查、商業排名、資料治理與透明報告的法律責任。

- ◆ DMA 要求大型平臺不得自我偏袒自家商品與服務，須開放應用程式商店與廣告資料，避免壟斷與演算法黑箱。
- ◆ DSA 則規範平臺須針對「系統性風險」進行事前評估，包含仇恨言論、假新聞、選舉干預與心理操控，並須接受獨立審核與用戶通報申訴制度。

這兩部法案被視為全球第一套「平臺責任法典」，其重點不在於言論本身，而在於流程透明、使用者保障與跨境合作。2024 年，歐盟更進一步要求 TikTok、X、YouTube 公開其演算法推薦邏輯與假消息管制內部資料，顯示其治理意志的明確與制度化。

中國：全面審查體系下的數位統治

相較之下，中國的平臺治理邏輯則更接近「數位主權即控制權」的模式。中國不僅建立防火長城，也針對本國平臺制定嚴密內容審查規則，要求所有社群平臺設置「內容審核小組」、實施「即時警告機制」，並須對敏感詞彙、自媒體帳號、留言串與轉發進行分層分級處理。

2021 年起，中國《網絡信息內容生態治理規定》將「正能量內容推廣」列為法定義務，並設立人工智慧內容生成管理

> 第七章 科技巨頭的跨國對撞：稅制、壟斷與主權

細則，要求 ChatGPT 類工具不得回答政治敏感問題。TikTok 母公司字節跳動亦因全球平臺治理標準爭議，面臨歐、美政府禁用與下架壓力。

中國平臺雖無演算法壟斷之虞，但其整體治理方式高度集權，將言論視為國安問題，將內容視為社會穩定的延伸工具，在國際上被批評為「數位極權模範」，卻也成為部分威權政體模仿參考對象。

臺灣：自由環境下的治理困境與制度真空

臺灣在資訊自由、言論自由方面表現優異，亦無強制審查制度，但這也意味著在平臺治理上缺乏明確的角色定位與風險應對策略。假消息、政治操控與境外資訊戰頻繁出現，但相關法規與處置流程多屬事後追蹤，難以形成結構性回應。

例如：2024 年總統大選期間，大量來自中國的境外操作訊息透過 YouTube、Facebook 與 TikTok 平臺散播，包括偽造影片、虛假民調與 AI 語音製作的假候選人談話片段，但因平臺本身並不受臺灣法律全面規範，政府僅能透過道德勸說與雙邊合作請求下架，處置效能受限。

此外，臺灣本地平臺業者缺乏規模，在國際內容治理政策制定中無席次，導致平臺演算法對本地輿論的「偏斜效應」

第四節　科技平臺的政治影響與內容審查爭議

無從主動修正。例如某些議題因觸發演算法高互動率而被過度曝光，形成「情緒放大－理性萎縮」的現象，卻無透明機制可供審視或修正。

言論戰場不是是否審查，而是誰能設定規則

科技平臺不只承載內容，它設定了「何者能被看見、何者將被沉沒」的演算法邏輯，而這種設定的權力，遠比傳統政府的「公告權」或「媒體採編權」更深層、更不透明也更難問責。

當內容審查與資訊推播由少數科技企業決定，民主社會若不介入治理與規範，就可能在不知不覺中讓治理主權淪為平臺演算法的附屬品。而專制政體若完全掌控平臺，則可能進一步把平臺變成數位洗腦器。

真正的問題不是「是否審查」，而是「誰有權定義審查的邏輯與邊界」。這是一場言論與主權的雙重賭局，也是一場制度治理是否能跨越資本與程式邏輯的測驗。

第七章　科技巨頭的跨國對撞：稅制、壟斷與主權

第五節
臺灣本土平臺的生存縫隙與創新解方

在巨頭陰影下尋找呼吸空間

臺灣的數位產業歷來強於硬體製造與 OEM 系統整合，卻在消費性平臺、社群軟體與大型資料生態建構上始終難以突破。Google、Facebook、LINE、YouTube 幾乎壟斷本地使用者的注意力與數據資源，使得本土數位平臺難以進入廣告市場、用戶習慣與內容分潤體系。

以廣告市場為例，Google 與 Meta 合占臺灣數位廣告超過七成份額，留下給本土媒體與平臺的資源空間十分有限。而在串流、影音、社群、地圖、通訊等領域，本土品牌要不僅限於特定族群，要不被邊緣化為「工具型替代者」，在商業規模與平臺影響力上均受限。

然而，平臺壟斷並非絕對無法挑戰。在數位經濟進入「平臺信任」、「資料治理」與「區域法規相容」為主軸的新階段後，本土平臺反而在某些高敏感度、強文化脈絡與政策契合度高的領域中出現了生存縫隙。

第五節　臺灣本土平臺的生存縫隙與創新解方

地方性信任與文化語境成為差異化武器

臺灣本地平臺如「Dcard」、「PressPlay」、「SoundOn」、「Crowdwatch」、「關鍵評論網」、「PanSci」等，雖無法與全球巨頭抗衡流量與資本規模，但卻在本地社群信任、語意辨識、內容脈絡判讀與在地議題聚焦方面具備獨特優勢。

以 Dcard 為例，其早期主打「臺灣大學生匿名社群」，透過大學帳號驗證與在地文化分區，建立起獨有的社群感與輿論熱點生產模式，成為青年世代的重要意見場域。雖然在技術功能上不敵 Reddit 或 Twitter，但卻靠「語境與節奏貼近」保有用戶黏性。

又如 SoundOn 作為 Podcast 平臺，透過「自製內容支援＋聲音廣告系統在地化」方式，扶持本地創作者在蘋果 Podcast 與 Spotify 之外找到資源獨立空間。

這類平臺的共通策略不再是與巨頭正面競爭，而是以「本地可信任邊緣生態」為立足點，在巨頭忽視或無法深耕的縫隙中擴張服務邊界。

與政策接軌成為平臺治理的新支點

在歐美開始強化數位主權與平臺責任後，政府角色轉為數位市場的規範者與信任建構者。臺灣本地平臺若能主動與

第七章　科技巨頭的跨國對撞：稅制、壟斷與主權

政策接軌，在數據安全、內容透明、AI 應用規範與消費者權益保障上制定高標準，便可取得「制度優先平臺」的差異化地位。

例如「Crowdwatch」以群眾募資透明為訴求，協助政府偵測潛在詐騙項目；「關鍵評論網」與 NCC 合作推動資訊素養教材；「PanSci」則以科普內容參與疫後公衛教育政策，這些平臺雖非商業巨頭，卻在政策交會點取得價值高度。

同時，在未來數位稅與跨境資料治理法制化過程中，政府也應該將本地平臺納入政策設計起點，透過稅賦優惠、資料存取平權與演算法資訊揭露，讓本土平臺在制度轉型中成為受益者而非受害者。

臺灣平臺的關鍵挑戰：可規模化的永續商模

雖然平臺信任與政策合作是突破口，但要讓本土平臺真正「生存」與「壯大」，最終還是回到一個關鍵命題：是否能建立可規模化且可自償的商業模式。

許多臺灣創新平臺卡在「用戶喜歡、政策支持、但缺乏資金與商業化能力」的三角困局。例如：

◆ 廣告營收模式的轉換效率遠不及 Google 與 Facebook，難以吸引大型品牌投入資源合作。

第五節　臺灣本土平臺的生存縫隙與創新解方

- 訂閱制難以在缺乏高量付費文化的市場中成長。
- 與政府專案合作獲取短期資源，但難形成長期營收結構。

為解決這些問題，臺灣可考慮發展「制度支持型平臺創業加速器」，整合政策、法規、金融與跨域人才，例如：

- 設立「公共服務型平臺育成基金」，支持具公益影響力但商模尚未成熟的平臺發展。
- 推動本地「開源治理平臺」試驗場，鼓勵在地社群與平臺共創演算法規則與內容治理機制。
- 鼓勵「平臺合組品牌聯盟」，如地方新聞網＋藝文活動售票＋創作者商務系統聯營，降低單一平臺行銷與轉換成本。
- 建立以「可信賴數據交換」為核心的 B2G 平臺機制，讓本地平臺成為政策資料的管理與應用節點。

第七章　科技巨頭的跨國對撞：稅制、壟斷與主權

第八章

戰爭與制裁：小國的逆轉與倖存策略

第八章　戰爭與制裁：小國的逆轉與倖存策略

第一節
烏克蘭戰爭下的貿易與糧食安全危機

黑海開戰：一場從戰場蔓延到餐桌的危機

2022 年 2 月 24 日，俄羅斯對烏克蘭展開全面軍事入侵。戰爭初期，大多數關注焦點集中於領土、軍備與能源，但事實上，最先被擊潰、卻最長期擴散全球的，是一條原本不起眼、卻撐起全球糧食安全的供應線──黑海穀物出口通道。

烏克蘭是世界主要農產品出口國之一，特別在小麥、玉米與葵花籽油方面占據全球供應鏈的核心節點。根據聯合國糧農組織（FAO）數據，開戰前烏克蘭供應全球小麥出口總量的 10%、玉米的 15%、葵花籽油超過 45%。而這些糧食多數仰賴黑海港口（特別是敖德薩港）出口。

俄羅斯封鎖港口、襲擊農田與儲糧設施，讓烏克蘭出口能力一夕之間崩潰，不僅導致糧價飆升，更讓依賴烏克蘭糧食的非洲、中東、南亞國家陷入糧食危機。戰爭並未讓糧食成為武器，但糧食已在事實上成為戰爭的連帶傷害。

> 第一節　烏克蘭戰爭下的貿易與糧食安全危機

黑海穀物協議的破裂與國際協調的失能

2022 年 7 月，在聯合國與土耳其斡旋下，俄羅斯與烏克蘭達成《黑海穀物倡議》，允許特定船隻經由敖德薩港安全運送穀物出口。協議初期確實讓出口回升，穩定了全球糧價。然而，這項協議卻因政治談判破裂而走向終結。

2023 年中期，俄羅斯指責聯合國未落實對俄農產品出口的制裁鬆綁，而選擇退出協議。烏克蘭則改以小規模運輸方式、經由多瑙河與歐洲陸路出口穀物，但運能有限、成本暴增，遠無法彌補損失。

此舉突顯一個問題：在戰爭下的全球供應鏈，既無法依靠單一協議維持穩定，也無法僅靠市場自我修復。當主權國家選擇動員出口權作為談判槓桿時，國際糧食市場的「常態」就此崩潰。

尤其非洲東部與中東部分糧食進口國，因無法及時轉向替代供應來源，出現嚴重糧價飆升與民生抗議事件。例如：

◆　衣索比亞與索馬利亞面臨乾旱與糧價雙重打擊；
◆　埃及、小麥補貼政策預算暴增；
◆　敘利亞、黎巴嫩因進口中斷出現麵粉與食用油短缺。

這些案例再次證明，糧食不只是商品，更是維穩與政經安全的基本條件。

> 第八章　戰爭與制裁：小國的逆轉與倖存策略

全球糧價劇震與政策連鎖反應

戰爭爆發後的六個月內，小麥期貨一度飆升超過 80％，玉米上漲 60％，葵花籽油則因烏克蘭停產而在多個市場缺貨。

雖然 2023 年底隨著其他出口國如印度、澳洲、阿根廷加大供應有所緩解，但「糧價已無法回到戰前水準」已成市場共識。更麻煩的是，這種波動導致多國同步啟動保護性政策，包括：

- 出口配額與禁運（印度、哈薩克、印尼）；
- 加徵出口稅或徵用糧食儲備（阿根廷、俄羅斯）；
- 增加糧食補貼、凍漲物價（埃及、摩洛哥）。

這些政策不僅扭曲貿易市場，更進一步造成「以鄰為壑」的連鎖效應。越多國家實施出口限制，就越少糧食可以自由貿易，價格與可取得性就越不穩定。

而在這些波動背後，一個新的趨勢正在浮現：糧食國家主義（food nationalism）正在崛起，未來即便沒有戰爭，國家對糧食出口的政治介入也將成為新常態。

臺灣的啟示：進口型經濟的風險再認識

臺灣的糧食自給率不到三成，小麥、大豆、玉米等穀類超過九成仰賴進口。2022 年起，小麥與大豆進口成本分別上

> 第一節　烏克蘭戰爭下的貿易與糧食安全危機

升了 20% 與 15% 以上,進而影響麵粉、植物油、飼料與肉品價格。

這場糧食風暴對臺灣帶來幾個警示:

- ◆ 「市場價格」不可視為恆常供應條件:過去臺灣依賴市場自由貿易體系取得穩定糧源,但戰爭與出口管制打破了這項假設。
- ◆ 現貨採購制度缺乏風險緩衝能力:多數糧商採取短約採購方式,導致價格劇烈波動時無法即時反應與轉單。
- ◆ 國家儲備政策需進入結構性檢討:目前公糧制度與糧價平穩基金多集中於稻米,對於加工食品與民生副食品(如麵粉、食用油)的應變能力有限。
- ◆ 與糧食出口國的直接協商力不足:由於非主權國家地位,臺灣難以像日本、韓國與澳洲直接簽署政府層級的糧食備援協定,形成制度劣勢。

面對下一場危機:臺灣可做什麼?

烏克蘭戰爭提供臺灣一面清晰的鏡子:一場區域性衝突就足以重塑全球糧食流動地圖。未來若出現區域政治動盪、極端氣候或貿易制裁衝突,臺灣都將面臨糧價與供應安全的雙重挑戰。

第八章　戰爭與制裁：小國的逆轉與倖存策略

為此，臺灣應提出以下對策：

◆ 多元化進口來源結構：不再過度集中於單一地區，尤其應拓展與加拿大、澳洲、南美國家之間的直接糧食進口合作。
◆ 建立中長期契約機制：鼓勵糧商與海外出口商簽訂具預測性的中長約，穩定供應與價格預期。
◆ 提升關鍵糧食品項的儲備靈活性：如小麥、玉米、大豆與植物油等應納入公私協作的彈性儲備結構，並導入數位追蹤與分批輪替制度。
◆ 加強糧價風險預測與指標建構能力：建立臺灣版「糧價預警系統」，整合氣候、地緣與市場指數，提供決策部門與民間業者參考。
◆ 啟動「糧食外交」型態的產業合作：與農產品輸出國透過教育、科技、加工技術交換等模式建立制度性互信，提高臺灣在全球糧食議價與配置體系中的能見度。

糧食戰爭不在新聞畫面，而在進口報價單上發生

烏克蘭戰爭讓全世界理解：糧食供應鏈的安全，與政治、外交、制度設計一樣重要。戰爭所帶來的貿易中斷、出口管制與供應鏈斷裂，讓進口型經濟體被迫面對現實——自

> 第一節　烏克蘭戰爭下的貿易與糧食安全危機

由市場是建立在和平基礎之上,當和平被撕裂,供應就不再自由。

對臺灣而言,這場糧食危機不只是價格問題,更是一次國安等級的警訊。我們必須從制度、談判與政策層級重新建構對糧食風險的理解,才能在下一次危機來臨時,不只是倖存,而是穩住基本盤。

第八章　戰爭與制裁：小國的逆轉與倖存策略

第二節
阿根廷對 IMF：反殖民經濟的實踐

債務國的反擊，從布宜諾斯艾利斯開始

阿根廷與國際貨幣基金（IMF）之間的歷史，宛如一部南方世界對抗財政殖民的經典劇本。自 1958 年加入 IMF 以來，阿根廷幾乎每隔十年就會進入一次債務危機、接受 IMF 紓困、實施緊縮方案、再陷經濟動盪的循環。

然而，2022 年阿根廷在前總統費南德茲（Alberto Fernández）與經濟部長古茲曼（Martín Guzmán）主導下，選擇與 IMF 進行強硬談判，拒絕完全接受其典型緊縮方案與市場自由化條件，並提出「可持續債務論述」，要求國際金融機構應重新檢討對開發中國家的財政規訓標準。

這是一場以主權為核心、以債務為工具的對抗，不僅顛覆傳統的經濟學教條，也為其他開發中國家提供一個全新的談判模板。

第二節　阿根廷對 IMF：反殖民經濟的實踐

債務之鍊：IMF 制度下的舊規則

IMF 長期扮演全球金融穩定者角色，當成員國面臨外債無力償付、資本外逃或貨幣貶值時，提供緊急貸款。但這些貸款通常附帶條件，包含：

◆ 減少政府補貼與公共支出；
◆ 開放市場、私有化國有企業；
◆ 實施浮動匯率與通貨緊縮；
◆ 保證財政盈餘與通膨目標。

對 IMF 來說，這些條件旨在恢復財政與匯率穩定，但對多數開發中國家而言，卻往往帶來社會撕裂與經濟去工業化，形成「在穩定中失去主權」的悖論。

阿根廷自 2000 年代初期債務違約以來，一直是這套機制下最具代表性的受害國之一。2001 年爆發全球史上最大主權債違約，之後數度重組債務並與 IMF 展開複雜談判。

到了 2018 年，在當時右翼政府馬克里主政期間，阿根廷再次接受 IMF 570 億美元貸款計畫 —— 這是 IMF 歷史上最大規模紓困案。但隨後因政策錯配與疫情衝擊，經濟再次陷入衰退，民眾對 IMF 的憤怒情緒升高。

第八章　戰爭與制裁：小國的逆轉與倖存策略

「反殖民經濟學」的出場：阿根廷的新談判策略

2021 年開始，費南德茲政府決定不再遵循 IMF 過去版本的緊縮邏輯，而是以「經濟正義」與「債務可持續性」為主軸，主張：

◆ 債務不能凌駕於人民福祉之上；
◆ 國際機構應承擔過去貸款錯誤的共同責任；
◆ 解決債務的方式不是削減社會支出，而是促進成長；
◆ 債權人應基於公平原則，接受更長寬限期與降息安排。

2022 年，阿根廷成功與 IMF 達成一項不包含立即緊縮與財政削減的重新談判方案，並換取更寬鬆的償還期與彈性財政目標。這個協議不僅改變了阿根廷與 IMF 的關係，也首次讓 IMF 在官方文件中承認過去貸款存在政策設計失誤。

此舉被阿根廷媒體稱為「債務史上的轉捩點」，也被拉丁美洲左翼政界譽為「對殖民式經濟控制的逆轉」。

拉美與全球南方的回響：制度性的骨牌效應

阿根廷的強硬態度引發了其他開發中國家的關注與模仿意願。特別在以下三方面產生制度性骨牌效應：

第二節　阿根廷對 IMF：反殖民經濟的實踐

- 中低收入國家提升債務談判姿態：如衣索比亞、斯里蘭卡、迦納等國在 COVID-19 後陷入債務危機時，紛紛仿效阿根廷提出「債務公平」的訴求，拒絕快速緊縮，並要求債權人共擔風險。
- 國際組織面臨改革壓力：IMF 與世界銀行被迫正視「借貸制度再設計」的聲浪，包括引入成長導向型條件、設定債務人國內基本開支底線等。
- 去美元化與多邊貨幣對話興起：如拉丁美洲多國開始推動去美元化貿易機制，探討區域貨幣合作機制，以降低美元與 IMF 制度綁定帶來的結構性脆弱性。

這些發展都說明：阿根廷不僅是在還債，更是在還回談判的主體性與經濟規則的制定權。

臺灣的借鏡與啟示：制度設計者還是遵循者？

雖然臺灣並非 IMF 成員，也未面臨主權債務危機，但從制度觀點出發，阿根廷的策略給予小國三大啟發：

- 國際制度不再是靜態接受，而是可談可改的動態場域：即使是在結構性不利條件下，只要主張明確、策略得宜，制度也可以被挑戰與重寫。
- 經濟主權與社會穩定需同步設計：臺灣面對 ESG、碳關

第八章　戰爭與制裁：小國的逆轉與倖存策略

稅、數位貿易規則等國際壓力，應積極主張「發展導向」與「中小企業韌性保障」原則，避免貿易規則過度傾斜大型經濟體利益。
- ◆ 小國不必被動參與，而應組成制度倡議聯盟：臺灣可透過東亞與印太地區的中型經濟體（如新加坡、越南、馬來西亞）合作，形成針對氣候金融、跨境數據與數位稅等制度議題的共識平臺，提升制度參與度與談判能量。

更進一步，阿根廷的案例也提醒我們：制度影響力不是來自經濟規模，而來自清晰的價值與一致的主張。

從債務受害者到制度談判者，經濟主權可以被奪回

阿根廷對 IMF 的再談判，不只是債務問題的解法，更是一種挑戰制度霸權、重建政策自主性的現代實驗。這種「反殖民經濟學」的實踐雖未必適用於所有國家，但它展示出在全球規則之中，弱國也能成為強勢主張者。

對臺灣而言，我們應從這場抗爭中思考：面對國際規則不斷升級的現實，唯有具備制度設計能力與多邊策略視野，才能在全球博弈中不僅被看見，更被尊重。

我們或許不能重寫歷史，但我們能參與未來制度的共同編排。

第三節
小國如何遊走於強權經濟賽局之間

當世界分裂，小國該怎麼選邊？

在當今地緣經濟局勢下，從俄烏戰爭、美中科技脫鉤到氣候金融規則的快速推進，全球經濟治理正在由過去的多邊合作邏輯轉向強權主導、制度碎片化、陣營分明的態勢。對多數中小型經濟體而言，這意味著一項殘酷現實 —— 被迫選邊，或者被排除。

但歷史經驗與現代實例都顯示：小國並非只能順從，更不是只能做兩大陣營之間的附庸。許多成功案例證明，小國透過靈活的制度調適、區域性策略聯盟與「價值模糊外交」，可以在強權對抗中游走，甚至掌握特殊槓桿角色。

本節將探討：現代小國在全球強權博弈下如何調整策略、管理風險並擴大生存空間。

第八章　戰爭與制裁：小國的逆轉與倖存策略

模式一：
制度多棲與中立外交 —— 以新加坡為例

新加坡是一個面積小、資源有限、貿易高度開放的典型小國，卻在當代全球賽局中穩居東南亞金融與治理中心地位。其核心策略來自「制度中立＋雙邊接軌」：

◆ 與中國維持高層經貿互信與一帶一路合作，包括新中雙邊投資協議、金融合作與港口參與；
◆ 與美國建立穩固的軍事與技術聯盟，同時積極參與美國主導的印太經濟架構（IPEF）；
◆ 自建高度透明且契合歐美標準的法制與數位制度，吸引國際企業設立區域總部，形成「制度跳板」。

新加坡的最大優勢不是規模，而是其制度信任度與談判靈活度。透過高度法制化、政策預測性與多邊組織積極參與，新加坡成功打造一個可容納多元勢力的經濟平臺，並讓自己成為無法忽視的地緣結點。

模式二：價值中立與戰略模糊 —— 以越南為例

越南雖為社會主義國家，卻在經濟上對全球資本高度開放，尤其在美中對抗加劇的背景下，越南更成為全球製造業去中化的最大受益者之一。

第三節　小國如何遊走於強權經濟賽局之間

- 吸引臺、美、韓日電子製造業大舉投資，成為蘋果、三星、Intel 等供應鏈的重要基地；
- 與中國保持黨對黨高層對話與國營企業協作，維持政治與邊境穩定；
- 擁有多個 FTA 通路與制度多邊身分，包括 CPTPP、RCEP 與歐盟的自貿協定。

越南從不公開選邊，也從不急於表態，而是採取「戰略模糊＋實質布局」策略，讓各方資本與制度願意在其國土上下注，並以此建立自主籌碼。

這種不靠價值旗幟取勝、而靠實用主義存活的模式，成為許多非西方小國效法的現實路徑。

模式三：區域聯盟與議價擴張 ── 以加勒比與北歐國家為例

對某些資源有限、規模更小的小國來說，單獨面對強權幾無勝算，因此透過區域集體談判、制度共享與聯合倡議成為擴大影響力的最佳策略。

- 加勒比共同體（CARICOM）運用氣候外交，在氣候基金、綠能投資與債務減免談判中發聲，要求全球金融制度考慮島國脆弱性；

第八章　戰爭與制裁：小國的逆轉與倖存策略

- 北歐國家如挪威、芬蘭、丹麥則透過歐盟內部談判架構、聯合技術標準與共同外交聲明，在歐洲制度框架中維持高聲量與政策導向權。

這些模式證明：小國若能找到制度平臺並累積議價盟友，依然可以在強權之間爭取發言與影響力。

臺灣的處境與挑戰：夾縫求生還是主動突圍？

臺灣的戰略處境具備高度特殊性：

- 經濟體量不小，但政治身分受限；
- 高科技實力全球關鍵，但制度參與度不足；
- 對中國高度經貿依賴，對美日安全關係倚重。

這些條件使臺灣無法完全模仿任何一種小國生存模式，但也意味著臺灣必須發展自己的「混合型小國戰略」，具體包括：

- 制度對接與標準輸出雙向並行：積極參與歐盟、美國、日本等制度標準擬定平臺（如數位稅、CBAM、ESG認證），並同時開發自主法規標準輸出機會（如碳足跡透明平臺）。
- 拓展中介地位與價值信任感：建立「可信賴的制度小國」形象，不以規模取勝，而以透明、開放與合作力為核心價值。

第三節　小國如何遊走於強權經濟賽局之間

◆ 策略模糊中具制度明確性：政治立場可靈活處理，但技術、財經、產業政策要有明確對齊目標，穩定吸引友邦信任與投資。
◆ 建立以科技為支點的區域聯盟：例如在印太區域推動「科技中小企業聯盟」、「ESG 供應鏈聯盟」，提高制度籌碼與區域信任。
◆ 善用「受壓小國」的國際同理資產：臺灣在國際社會的處境引發多國認同與同理，應轉化為制度連結與議題倡議（如民主科技、資訊安全、全球南方數位公平）的外交資本。

小國不是棋子，而是盤面的設計師之一

強權賽局不會消失，但小國可以選擇成為被動的棋子，或是參與盤面的布局者。從新加坡到越南，從加勒比到北歐，世界已出現許多證明——靈活、不表態、制度對接、夥伴建立，正是小國在地緣風暴中逆勢前行的策略密碼。

臺灣若要在未來全球經濟秩序重建中穩健生存、穩定輸出、穩步成長，就不能只靠單邊依賴與技術優勢，而應透過制度參與與信任創造，讓我們成為一個不可或缺的「制度型小國夥伴」。

我們不需要選邊，而需要創造一個世界願意選擇我們的制度與價值聯盟。

第八章　戰爭與制裁：小國的逆轉與倖存策略

第四節　國家級灰犀牛：
如何預測並避開經濟毀滅性打擊

不是沒人預警，
而是大家都不理：什麼是「灰犀牛」？

在全球經濟治理語境中，「灰犀牛」（Grey Rhino）是指那些高度可能發生、影響極大、卻因習慣或短視而被忽略的重大風險事件。與「黑天鵝」的意外性相對，灰犀牛的可預測性更高，殺傷力卻同樣強大。

典型的灰犀牛事件包括：

◆ 房地產與債務泡沫；
◆ 政府財政與退休金制度崩盤；
◆ 地緣衝突引發能源或糧食斷鏈；
◆ 外資急撤造成貨幣危機；
◆ 長期結構性失業與產業空洞化；
◆ 區域整合失敗或國際協定崩解。

這些風險並非突如其來，而是長期堆積、制度錯置、政

第四節　國家級灰犀牛：如何預測並避開經濟毀滅性打擊

治意志遲滯的結果。它們就像一頭正在奔跑的大犀牛，眾人看見卻選擇忽略，直到迎頭撞上、造成毀滅性損害。

對於小型經濟體而言，灰犀牛風險尤其致命，因其轉圜餘地與制度緩衝能力本就有限，一旦爆發，極難善後。因此，「提早識別、制度防禦、風險分散」是避免系統性崩壞的核心。

全球灰犀牛案例剖析：預測失靈還是選擇失能？

以下幾個近年案例顯示，灰犀牛不是看不到，而是選擇性無視其存在：

斯里蘭卡 2022 年債務違約危機：長期高額對外債務、觀光收入下滑與匯率制度僵化早已被多方預警，但政府持續忽視、延後償債安排，最終導致外匯耗盡與社會動亂。

阿根廷長年財政赤字與通膨惡化：早在 2010 年代就有學者指出其貨幣政策脆弱，但政黨輪替與短期選舉考量讓真正改革延宕至全面危機。

歐洲能源依賴俄羅斯問題：多年來學界與戰略界多次指出德國對俄天然氣的依賴為「戰略自陷」，但在和平假設下選擇忽略，直到俄烏戰爭爆發才驚覺代價。

這些例子證明，灰犀牛常非資料不足，而是政治壓力、短期思維與制度惰性讓國家選擇「不處理」。

第八章　戰爭與制裁：小國的逆轉與倖存策略

小國制度的三大脆弱點：
灰犀牛最愛的進攻角度

對於小型開放型經濟體，灰犀牛風險來得更急也更痛，原因在於三個制度性脆弱點：

- 單一依賴結構：如過度依賴特定出口市場、原物料或關鍵技術來源，任何一個斷點都會產生乘數效應。
- 政策短視與政黨週期失衡：選舉導向導致長期改革計畫推不動，尤其在退休金、稅制、教育與勞動政策常遭政治算計擱置。
- 風險管理制度斷層：缺乏跨部會整合的國家風險預測與情境模擬機制，導致無法在灰犀牛初期出現時有效應對。

這三個問題若未被正視與修補，將在下一波危機中成為被犀牛撞擊最深的破口。

預測、對策與緩衝：
建立灰犀牛防禦的國家級架構

避免被犀牛撞倒，關鍵不在預言，而在預備。幾個前瞻國家已開始建立制度性防禦架構，可供臺灣借鏡：

第四節　國家級灰犀牛：如何預測並避開經濟毀滅性打擊

- 設立跨部會「戰略風險觀測站」：如芬蘭設有未來委員會，日本內閣府設有風險白皮書制度，專門追蹤氣候、債務、科技外部性、人口轉折等長期風險。
- 國會層級的中立預算與債務分析單位：如美國國會預算辦公室（CBO）與加拿大議會預算官，能提供超越政黨的預算與債務趨勢分析，減少短期決策錯誤。
- 產業政策的風險壓力測試制度化：模擬全球出口封鎖、晶片斷鏈、匯率劇震等事件對臺灣製造業、半導體與農業的具體衝擊。
- 制度性推動「風險分散型產業與財政結構」：鼓勵多元出口市場與本地供應鏈建構、設立「災後復原基金」與「技術韌性轉型資本」。
- 數據驅動的「灰犀牛指標」儀表板公開化：讓媒體、學界與公民社會可即時掌握風險變化，提升社會總體風險素養。

這些設計不只是為了預測，更是為了塑造一個能面對災難也不崩潰的治理體質。

臺灣的防線該從哪裡開始補？

對於臺灣這類地緣敏感、外貿依賴且制度高度專業化的小國，灰犀牛往往會以「政治經濟混合型」型態出現。最值得

第八章　戰爭與制裁：小國的逆轉與倖存策略

重視的五項可能灰犀牛包括：

- 地緣封鎖導致出口中斷與能源斷供
- 全球需求逆轉與科技出口快速萎縮
- 人口老化與財政壓力長期惡化
- 國際制度排除（如數位貿易稅、CBAM）帶來出口損失
- 公部門治理信任危機引發制度失靈

這些灰犀牛並不神祕，我們都知道牠們存在，但唯有制度化地面對它們，才可能改寫命運。

具體行動建議包括：

- 設立「國家灰犀牛預警中心」整合中央研究院、經濟部、財政部、國發會專家；
- 公開推動「國家風險對話年報」，讓民間、媒體、政府共同校正盲點；
- 鼓勵學界與智庫投入風險資料模型與政策模擬研究，建立風險敘事社群；
- 強化風險教育，從高中公民與社會教育納入經濟與制度風險基本素養。

第四節　國家級灰犀牛：如何預測並避開經濟毀滅性打擊

灰犀牛不是運氣，而是選擇

　　灰犀牛從不突然出現，真正的問題是：我們選擇了不看它、不理它、不改變它。當全球風險越來越像「可預測的災難」，對於小國而言，最大的生存策略就是 —— 不做鴕鳥，不只追求效率，更要準備韌性與反應空間。

　　未來不會變得更穩定，但我們可以變得更堅固。面對那頭奔來的犀牛，問題不是會不會撞上，而是我們準備好了沒？

第八章 戰爭與制裁：小國的逆轉與倖存策略

第五節　臺灣中小企業如何分散風險與全球化生存

不只出口，更要能避險：中小企業的新挑戰

臺灣中小企業歷來是國內經濟的命脈。根據經濟部統計，全台超過 98% 的企業為中小型規模，涵蓋製造、貿易、設計、農業與科技服務等多元產業，長期支撐臺灣在國際供應鏈中的彈性與效率。

但在後疫情時代與地緣重構的雙重背景下，臺灣中小企業面臨的環境已經不再是單純的「國際競爭」，而是「制度賽局與風險共振的生存挑戰」：

- 全球市場分裂、關稅與非關稅壁壘上升；
- ESG、CBAM、數位稅等規範形成制度門檻；
- 匯率、運價、能源與勞動成本震盪頻繁；
- 供應鏈政治化，要求原產地透明與高標準合規；
- 貿易戰、地緣戰爭與經濟制裁帶來突發斷鏈風險。

中小企業過去依賴彈性生產與接單優勢，如今逐漸變成

第五節　臺灣中小企業如何分散風險與全球化生存

制度劣勢，必須從生產效率導向，轉向風險分散與制度韌性導向。

臺灣企業的三大結構性風險

- 出口市場高度集中：臺灣中小企業對中國、東協、美國市場依賴程度偏高，遇到單一市場貿易政策變動或地緣衝突，易導致整體業績劇烈震盪。
- 制度合規能力不足：多數中小企業未建立 ESG 報告機制、碳盤查能力、數位稅務申報與供應鏈追蹤制度，導致在歐盟、美國新法上路時被拒於市場門外。
- 海外營運據點與合作網絡薄弱：相較日韓企業積極布局東南亞、拉美與歐洲供應據點，臺灣中小企業海外據點比例偏低，抗風險能力明顯不足。

這些結構性弱點若不修補，將在下一波制度調整或國際風暴中迅速被邊緣化，甚至被迫退出高值市場。

分散風險不在「多設據點」，而應「制度接軌＋市場多元」

「分散風險」對中小企業來說，絕非資本雄厚大廠才做得到。關鍵在於策略設計與制度靈活性，具體來說包括：

- 市場出口多元化布局：善用政府外貿平臺如外貿協會、經濟部國際處與中小企業處，拓展中東、東歐、拉美與南亞新興市場，降低對中國與美國的出口比重。
- ESG 與碳足跡能力內建：可透過公協會、產業群聚或技術平臺建構簡易版碳盤查與永續報告模組，逐步納入企業經營流程。
- 供應鏈透明化與追蹤化：導入數位工具（如 ERP ＋區塊鏈雲端平臺）掌握物料來源、排碳狀況與供應履歷，回應歐盟 CBAM 與美國清潔供應鏈要求。
- 提升制度敏感度與預警反應力：透過跨國商會、顧問服務、政策簡報平臺持續追蹤國際法規變化，建立業主與管理層的政策即時反應習慣。
- 區域策略夥伴關係建構：與海外同業、品牌商、在地政府形成長期合作夥伴，提升制度融入度與風險共擔能力。

民間與政府的協力：打造中小企業的制度護城河

中小企業的風險管理，不能全靠企業自己苦撐。政府與民間中介機構應成為制度轉譯者、成本緩衝者與資源整合者，具體作法如下：

第五節　臺灣中小企業如何分散風險與全球化生存

- 成立「中小企業全球規則接軌平臺」：由經濟部、外貿協會、ESG 平臺與稅務顧問機構組成，協助中小企業理解、轉譯、導入各類新規。
- 提供制度合規資金支持：設立「ESG 轉型補助」、「碳盤查啟動基金」、「數位報告費用補貼」等制度接軌資金工具。
- 建立「海外分點加速器」計畫：鼓勵企業進入新興市場設立簡易辦公室或合資點，透過外交部、駐外辦事處與國際組織擴大布局。
- 推動「中小企業灰犀牛風險演練機制」：結合產業協會與研究單位，定期模擬外部衝擊下企業應變與轉單演練，提升預警與回復能力。

臺灣的下一步：從成本競爭轉向信任競爭

未來的全球貿易與供應鏈競爭，不只是看誰價格低、交期快，更看誰能被制度信任、被市場接納。臺灣中小企業若能早一步完成「制度轉身」，就能在下一輪全球產業洗牌中保住市場，甚至晉升高值鏈。

而這不只是政府的任務，也不只是少數大型企業的責任。制度化的風險分散能力，是所有中小企業共同的護城河，也是臺灣經濟韌性的根本來源。

第八章　戰爭與制裁：小國的逆轉與倖存策略

我們不能控制外部風險，但可以決定自己是否具備承受它的能力。

平臺競爭的下半場，是制度與價值的整合賽

數位平臺的未來競爭，不再只是流量與技術的比拚，而是誰能更快地與社會信任、法律規則與在地文化系統接軌。

對臺灣而言，本土平臺未必能變成全球巨頭，但若能走出一條融合制度信任、資料透明與價值主張的創新模式，便有機會在這場平臺治理全球戰中，以小搏大、以信任制勝、以文化成長。

下一輪的數位經濟競賽，不是平臺打敗誰，而是誰能在制度縫隙中重寫遊戲規則，而臺灣，完全可能成為這個規則創造者之一。

第九章

數位國土：
App、數據與平臺國族化

第九章　數位國土：App、數據與平臺國族化

第一節　印度禁 App：數位主權與地緣安全結合

當主權不再只是邊界，而是 App 列表上的選擇題

2020 年 6 月，印度政府在中印邊境衝突爆發後，毫無預警地宣布全面封鎖包括 TikTok、WeChat、UC 瀏覽器與小米社群工具在內的 59 款中國 App。這場突如其來的「數位封鎖」，一開始被視為象徵性制裁，但很快證明這不只是表態，而是印度數位主權戰略轉型的關鍵分水嶺。

此舉背後代表著一項重大的國際法與政策邏輯轉變：主權不再只存在於土地疆界，也存在於 App 的演算法、資料的伺服器位置與用戶習慣的依附結構中。而當主權被侵蝕得無聲無息、以數據轉移與平臺依賴方式展現，國家便只能透過「刪除」來重建「邊界」。

這不僅是印度面對中資科技滲透的反應，也是一場更大範圍的數位去殖民行動的開端。

第一節　印度禁 App：數位主權與地緣安全結合

安全為名，主權為實：
印度的數位防線邏輯

官方宣布封禁中國 App 的理由為「涉及國家安全與用戶資料外洩風險」，但實際原因早已超越資安層次，而是來自於三層戰略考量：

◆ 軍事衝突背景：加勒萬谷事件導致 20 名印度士兵喪生，社會輿論要求政府強硬回應，但軍事反制空間有限，因此數位封鎖成為「不流血報復」的替代方案。

◆ 國內產業扶植：中國 App 在印度 App 市場中占有率高達 40％，TikTok 一度成為印度下載量最高的社群平臺，封禁被視為「為本地創業者騰出生存空間」的政策工具。

◆ 數位主權重構：印度早在 2018 年便啟動「數位印度」（Digital India）計畫，欲建立本土資料治理架構。中國平臺對資料的收集、傳輸與應用並未遵循印度法規，因此被視為對制度主權的挑戰。

封禁行動使印度確立一項原則：任何在境內運作的數位平臺，若不符合國家法治與主權要求，即便無實體存在，也可被驅逐出境。

第九章　數位國土：App、數據與平臺國族化

數位民族主義與平臺替代運動的興起

封禁行動也點燃了印度國內「數位民族主義」情緒，各界紛紛呼籲卸載中國 App，改用本地開發或「國家友好國」所提供的替代工具。政府亦主動推廣「AatmaNirbhar Bharat App Innovation Challenge」，鼓勵本地工程師開發取代品。

短短一年內，印度新創市場爆發式成長，出現「ShareChat」（替代 TikTok）、「Koo」（替代 Twitter）、「Chingari」、「Roposo」等社群 App。儘管這些 App 在使用體驗與技術成熟度上仍難與國際巨頭競爭，但其「合法、在地、符合法令」的標籤，成為政策與用戶雙向偏好的依據。

同時，印度政府持續擴大資料本地化規範，規定所有電子支付、金融交易、健康數據須儲存在印度境內，並提出《數位個人資料保護法》(Digital Personal Data Protection Act)，將資料處理視為主權行為的一部分。

國際效應：全球數位主權思維的擴散起點

印度對中國 App 的封禁開創先例後，全球多國紛紛出現相似行動：

◆ 美國：川普時期即曾簽署行政命令要求 TikTok 出售美國事業部門，否則強制下架，拜登政府延續審查機制。

第一節　印度禁 App：數位主權與地緣安全結合

- 印尼與巴基斯坦：因宗教與政治敏感議題，曾短暫封禁 TikTok 與其他直播平臺。
- 法國與德國：基於個資疑慮與言論治理要求，對中國與美國平臺施加審查壓力，並擬推進「歐洲主權 App」策略。

數位主權從未像今天這樣具體而迫切。它不再是抽象名詞，而是與「用戶能用什麼 App」、「資料存在哪」、「平臺演算法如何運作」緊密連結的具體政策實踐。

臺灣的啟示：無火牆，卻有無形依賴

臺灣沒有設立如中國防火牆般的資訊阻斷機制，也尚未大規模採取 App 封禁政策。然而，臺灣社會的數位使用習慣高度依賴跨國平臺，從 LINE、YouTube、Instagram 到 TikTok，日常通訊、社群互動與新聞接收皆由境外平臺主導。

這樣的開放雖保障言論自由與市場多元，但也帶來數位治理困境：

- 資料儲存多位於境外，政府缺乏法定調閱與監督能力。
- 外資平臺不受本地審查與內容責任制度規範，容易成為假消息與心理戰的通道。
- 本地 App 發展無政策保護與資料資源支持，難以規模化與生態壯大。

第九章　數位國土：App、數據與平臺國族化

　　印度的經驗顯示，數位主權與產業自主並不衝突，反而可相互支撐。臺灣若能建立一套合憲、合理且可預期的資料主權治理制度，不必走向極權控制，也能在自由與防禦之間找出一條合宜之道。

刪掉一個 App，也是在畫出一條國界

　　國土不再只在地圖上，也存在每一個裝置裡的應用程式清單中。當 App 可成為他國數據武器，當平臺演算法可影響國內輿論，數位邊界就不只是抽象概念，而是國安、文化與經濟安全的綜合戰線。

　　印度以「刪除」與「禁止」表達主權，或許激烈，卻極為有效。臺灣不必複製其路徑，但勢必需正視數位平臺所帶來的結構性風險，並開始為未來的數位國土爭議建立制度防線。

第二節
演算法控制下的跨境內容鬥爭

看不見的邊界,看得見的影響

在一個新聞不是「被閱讀」,而是「被推播」的時代,平臺的演算法不只是商業推薦工具,更已成為決定哪些議題浮出水面、哪些觀點被埋沒的資訊統治機制。內容的流通早已不是中立過程,而是一套經由資料、偏好與社會脈絡建構出的「可見現實」。

而當這樣的控制力量掌握在跨國平臺手中,問題就出現了:一個無需選舉的企業,為什麼能決定一個民主社會公眾關注什麼?又是誰,能決定演算法如何調整,是否遭濫用,能否追溯?

這樣的演算法治理問題,當它跨越國界時,就不只是資訊政策,而是國與國之間對於「誰能影響誰的思想結構」的爭奪戰。這就是跨境內容鬥爭的本質。

第九章　數位國土：App、數據與平臺國族化

內容推播不是中立，而是戰略設計

社群平臺上的內容，並非依照時間線自然呈現，而是根據平臺內部演算法邏輯進行排序與強化。這些邏輯通常依照「互動率」、「停留時間」、「點擊潛力」等商業指標計算，但在實際操作上，高情緒值、強爭議性、分裂導向的內容更容易被放大與傳播。

這樣的機制在跨境推播時出現失衡現象。舉例來說：

- 在 2022 年烏俄戰爭期間，Facebook 與 YouTube 曾被發現將來自親俄內容農場的影片推薦至烏克蘭用戶帳號首頁，儘管官方說明「演算法無國籍」，但實際上平臺未能建立明確的「地緣敏感地區內容篩選機制」。
- 2020 年美國大選期間，Twitter 演算法傾向加速擴散陰謀論與假消息連結，即使經事後更正，卻已造成不可逆的政治撕裂。
- TikTok 在全球多國被指控透過演算法刻意壓低特定政治議題曝光率（如新疆、臺灣、香港等關鍵字），或推高娛樂、舞蹈、搞笑類影片以稀釋社會議題討論強度，被認為是一種「軟控內容干預術」。

這些例子顯示，演算法既是商業設計，也是輿論武器，其策略性早已超越平臺自身意志，而進入了國際安全、社會穩定與制度防衛的核心議題中。

第二節　演算法控制下的跨境內容鬥爭

政府能干預演算法嗎？各國做法大不同

在面對平臺推播的高度影響力時，不同國家採取了不同層次的干預策略：

◆ 歐盟：透過《數位服務法》（DSA）要求大型平臺揭露其演算法邏輯、風險評估報告與危機事件應變機制。並要求平臺必須提供「非個人化演算法選項」，讓用戶可選擇按時間序瀏覽內容。
◆ 美國：雖然言論自由原則強烈限制政府干預演算法內容，但近年在國會與司法機構逐漸出現要求平臺提供「透明度報告」與「內容標記決策依據」的聲音。
◆ 中國：國家網信辦於 2021 年頒布《互聯網信息服務算法推薦管理規定》，強制平臺向政府備案演算法模型，並禁止利用演算法進行價格歧視、行為操控與政治誤導。
◆ 印尼、印度、土耳其：逐步建立演算法審查與危機時期平臺介入條款，要求平臺在社會動亂、選舉爭議或公共衛生事件中配合政府進行「內容節流」。

這些政策反映出一種全球共識初步形成：演算法影響社會穩定與輿論結構，不能再只由平臺單方面控制與定義。

第九章　數位國土：App、數據與平臺國族化

臺灣的「無規則監管區」風險

臺灣目前尚無針對演算法推播的具體法規。無論是 Facebook、YouTube、TikTok、Instagram 等平臺，皆依照母公司政策進行內容排序，政府僅能透過 NCC 與數位部以行政協商方式要求合作。

然而，這樣的非正式治理在面對跨境心理戰、資訊操控與假消息推波時，顯得無力。例如：

- 2024 年總統選舉期間，YouTube 曾將多部未經查核的「深偽影片」推薦給中高年齡族群，誘發對候選人的錯誤印象。
- TikTok 上出現大量「中華文化短劇」與「軍武剪輯影片」，多源自中國內容工廠，但平臺無自動標記，亦無機制可限制其被優先推薦。

這些現象代表：平臺的中立性是假象，而臺灣的制度真空則讓演算法干預如入無人之境。

向前推進的三個制度方向

要回應這種演算法干預型數位戰爭，臺灣亟需建立三大制度支柱：

第二節　演算法控制下的跨境內容鬥爭

- 內容推播透明化法制：要求大型平臺揭示推薦邏輯參數，提供「非個人化資訊流選項」，並建置本地審核通報制度。
- 演算法風險監管機制：設立跨部會「平臺行為觀察小組」，針對社會輿論敏感時期進行即時評估、警示與公眾說明。
- 與國際同步的治理參與：加入歐盟 DSA 執行論壇、OECD 平臺責任工作小組，爭取在國際演算法治理標準制定中擁有話語席次。

這不只是防止錯誤資訊，更是捍衛民主社會資訊結構主權的必要手段。

下一場戰爭不在槍桿上，而在演算法裡

未來戰爭的第一擊，可能不是導彈，而是一則被大量用戶看到的、由演算法放大的假影片。在這個被動觀看已成政治行動的時代，控制內容排序權就是控制集體思考方向的權力。

臺灣作為民主社會前沿，必須從「資訊自由」進階到「資訊主權」，從「平臺規則接受者」變為「社會影響決策者」。否則，我們將生活在一個看似自由、實則他人操控的數位國土中，而不自知。

第九章　數位國土：App、數據與平臺國族化

第三節
中國防火牆與數位鐵幕的擴散風險

防火牆不只是中國內政，
而是一種制度輸出模型

「防火牆」（Great Firewall）原是技術術語，用以指稱中國政府自 1998 年起建構的網路封鎖系統，其核心在於透過 IP 過濾、DNS 汙染、封包分析與關鍵字攔截等方式，對外來資訊進行選擇性阻斷。但隨著中國數位治理能力提升，防火牆早已超越單純的內容過濾工具，轉化為全方位的國家資訊主權系統。

在這套系統中，不僅人民上網受到限制，企業在網路服務上也必須服膺於國家政策導向、資料中心規範與內容審查邏輯。而這種制度，不再只是中國內部治理選擇，而是逐步被輸出至其他國家的「數位治理範本」——一種數位鐵幕的全球化過程。

第三節　中國防火牆與數位鐵幕的擴散風險

中國的三層數位邊界建構

中國防火牆體系並非單一機構設計，而是由數個核心制度疊合而成，其控制邏輯主要可分為三層：

- 技術控制層：透過防火牆技術攔截境外網站與應用，限制公民接觸不符官方敘事的內容。YouTube、Google、Facebook、Twitter、Instagram、Wikipedia 等皆在封鎖名單中。
- 法規制度層：《中華人民共和國網絡安全法》、《中華人民共和國數據安全法》、《中華人民共和國個人信息保護法》與《互聯網信息服務算法推薦管理規定》等，確立國家對數據流動、演算法控制與平臺責任的絕對主導權。
- 意識形態層：透過「網信辦」、「中央網信委」及大數據中心，針對教育、娛樂、新聞與評論等各領域進行內容審查與「正能量」導向設計，建立資訊正當性敘事標準。

這三層互為支撐，使中國數位空間形成一種制度密閉、技術內循環、內容統一導向的全封閉資訊國土。

數位極權的吸引力：其他國家的模仿與學習

中國式防火牆治理雖被批評為言論壓制與資訊不自由，但其「社會穩定」、「輿論管控能力」與「技術可複製性」卻讓

第九章　數位國土：App、數據與平臺國族化

部分威權或半威權政權視為可學習對象。近年出現的模仿案例包括：

◆ 伊朗：建立「清真網際網路」，限制國民訪問全球網路，並推廣由政府監控的本地 App 與服務。
◆ 俄羅斯：2019 年實施「主權網際網路法案」，建立國家級 DNS 與監控中樞，實現俄羅斯網路可「自主斷聯」並全面掌控內容流向。
◆ 土耳其與埃及：強化網路備案制度，推動社群平臺設境內代表處並設立資料本地儲存中心，否則禁用。
◆ 柬埔寨與緬甸：透過與中國企業合作建設國家級防火牆，並以國安為由加強審查言論與社群串流內容。

這些做法的共通特徵是：藉助中國提供的技術服務（如中興、華為的網路骨幹與監控解決方案）、法律制度樣板與政務平臺輸出，來實現數位主權的再政治化。

防火牆模型的外部風險：民主制度如何因其反噬？

中國的數位治理模式之所以對外構成風險，在於它不僅封鎖自己，也對全球的資訊自由體系形成擠壓與侵蝕。其風險主要體現在三方面：

第三節　中國防火牆與數位鐵幕的擴散風險

- 資訊斷層風險：中國封鎖全球內容，卻持續向外輸出經過加工的敘事，例如透過 CGTN、環球網、抖音國際版散播「符合國家立場」的觀點，形成「資訊單向不對等」的敘事權落差。
- 平臺合規壓力外溢：Google、蘋果等公司為保留在中國市場，往往配合下架內容、限制搜尋，或刪除 App，間接使其全球行為受中國政策綁架。例如：iCloud 中國資料中心由中國國企營運，被批評為「合規即繳械」。
- 封閉模式的國際合法性擴張：透過「一帶一路數位絲路」倡議，中國積極向開發中國家輸出其數位治理方案，讓「資訊封鎖即主權保障」的邏輯逐漸成為制度論述主流之一。

若不加以回應，民主社會將逐漸發現自己處於資訊流通的外圍，被各種封鎖牆包圍，失去建立全球公共討論場域的主動性與正當性。

臺灣處於鐵幕邊緣的制度選擇難題

臺灣的特殊處境使其在面對中國防火牆模式時承擔雙重壓力：一方面需維持資訊自由與開放網路價值，另一方面卻必須面對來自中國的「單向資訊滲透」。

例如：

第九章　數位國土：App、數據與平臺國族化

- 無法對等訪問：雖然臺灣用戶在技術上可瀏覽部分中國社群平臺，但受限於實名制度、內容審查與高敏感言論審核，實際參與公共對話的空間極為有限。相對地，中國用戶或其資訊代理卻可透過 TikTok、YouTube 等全球平臺，自由接觸並影響臺灣輿論，形成明顯的資訊流動不對等。
- 內容滲透與假消息：臺灣成為中國「資訊戰試驗場」，透過網軍、短影片、剪接節目與假帳號大量推播意識形態內容，但缺乏對平臺進行法律層級反制的工具。
- 資料主權不明：中國 App 雖不設立臺灣辦事處，但可蒐集大量本地用戶數據，資料流向與應用目的無從監控。

這些問題都在指出，開放社會若不強化資訊邊界治理機制，將成為數位封閉體系滲透的溫床。

不是要築牆，而是要定義界線

中國的防火牆模式之所以危險，並不在於它封鎖誰，而在於它輸出了一套以資訊封閉換取國家控制正當性的治理模型，且已有越來越多國家選擇這條道路。

臺灣不能也不該效仿中國模式，但更不應放任數位滲透無限延伸。我們所需的，不是封鎖一切，而是清楚劃定哪些數據、哪些內容、哪些平臺行為需要接受國家法律、民主審

第三節　中國防火牆與數位鐵幕的擴散風險

議與資訊公平邏輯的約束。

　　資訊自由與資訊安全，從來不是對立的概念。唯有在自由中建立防線，在開放中劃清邊界，臺灣才能在這場數位鐵幕擴散的世界裡，守住自己的一方天空。

第九章　數位國土：App、數據與平臺國族化

第四節
美國審查 TikTok 與科技冷戰再升級

平臺主權與選舉工具的雙重身分

2024 年美國總統大選不只是中美角力的舞臺,更是數位主權戰爭的輿論實驗場。川普在競選過程中多次將 TikTok 塑造成中國數位滲透的代表性符號,指控拜登政府對 TikTok「姑息養奸」,使數以千萬計的美國青少年暴露於中國的數據監控之下。他在辯論與造勢場合高呼:「TikTok 不是社交平臺,是中共的數位間諜。」

這樣的論述奏效了。川普成功將 TikTok 議題操作成一個數位愛國主義與國安動員的情緒核心,尤其在賓州、亞利桑那、密西根等搖擺州份有效拉攏中老年選民與泛保守派科技焦慮者。而最終 2024 年 11 月的選舉結果顯示:川普以些微差距勝出,這場關於一個 App 的國族敘事,或許就是他的勝選臨門一腳。

第四節　美國審查 TikTok 與科技冷戰再升級

從戰鬥口號到現實談判：
川普式反轉邏輯的開始

在競選階段強調「上任第一週就封殺 TikTok」後，2025 年 1 月 20 日川普正式宣誓就職，外界普遍預期禁令將立即生效。然而出人意料的是，川普政府簽署的新行政命令延長了 TikTok 的禁令執行期限 75 天，理由為「考量市場穩定、保障數百萬創作者就業與內容權益，允許更多時間安排收購談判」。

這一舉措，旋即引發輿論譁然。支持者主張川普「更成熟務實」，反對者則直指其「背棄選舉承諾」，甚至懷疑是否存在政治捐款與幕後協商。但若回顧川普過往風格，這其實是其「先強化對抗、後重寫規則」的一貫操作邏輯——用政治攻勢搶奪主導權，用制度空間建構新的利益分配秩序。

簡言之，TikTok 事件並非封與不封的爭議，而是川普藉此重新劃定「平臺主權」與「國安合規」邊界的談判槓桿。

國安為名，併購為實：平臺變成籌碼

隨著禁令延後，美國商界與資本圈迅速展開行動。根據《美聯社》、《彭博社》與《紐約時報》在 2025 年 3 月至 4 月的追蹤報導，亞馬遜主動出擊，向字節跳動提出併購 TikTok 美國事業部的條件草案。此案設計包括：

第九章　數位國土：App、數據與平臺國族化

- 建立獨立董事會，接受美國國安會（NSC）與商務部的交叉監管。
- 所有美國用戶資料須儲存在本土並由第三方監督機構審計。
- 禁止與中國本部母公司進行任何商業資料互通，違者將自動觸發撤資條款。
- 由 CFIUS 與國會科技委員會設立「政治內容監控框架」審核平臺演算法是否干預選舉或製造社會分裂。

這份條件被白宮視為「接近政策理想狀態」，而 TikTok 美國團隊則傾向接受，理由是：「與其被全面下架，不如變成制度之內的新平臺型態。」

川普第二任的科技冷戰：從封鎖到制度殖民

川普在第二任期並未放棄對 TikTok 的強硬表述，而是將其從單一平臺問題升級為一套「對敵國技術企業的制度性過濾系統」。這套系統涵蓋了：

- 技術來源稽核制度：所有在美科技平臺須揭示演算法來源、開發背景、資料訓練架構，並接受「敵對技術來源評估」。
- 數據主權透明條款：用戶資料不得跨境，平臺須在重大政策變動、危機事件中提交流量分析與內容熱區報告。

第四節　美國審查 TikTok 與科技冷戰再升級

◆ 社交平臺安全責任擴充：新修法將大型平臺納入《反外國宣傳與造謠法案》，若被認定助長敵國敘事，即可臨時中止其營運權。

◆ 平臺國安保證金制度：要求在美營運的外國平臺繳納「國安保證金」，作為潛在資料濫用的儲備金與審查費用。

這不僅是政策，也是全球數位治理邏輯的美式輸出版本：不讓你直接參與，就改寫遊戲規則，讓你「合規成本高到退出」。

青年世代的矛盾情緒：自由還是安全？

TikTok 之所以在美國引發廣泛焦慮，除了國安與地緣考量，更在於它深植年輕世代的日常生活。根據 2024 年《皮尤研究中心》報告，美國 13～24 歲人群中，超過六成每日使用 TikTok，且超過三成視其為「主要新聞來源」。

因此，TikTok 禁令引發 Z 世代的抗議與失落感，他們質疑：「如果政府能以國安名義封掉我最常用的平臺，那明天會不會也封掉我喜歡的遊戲、我的表達空間？」

川普政府則反其道而行，鼓勵本土企業介入接手其在美國的業務。這類舉措看似是國安補救，但本質上也可視為一種以制度重構文化生態的戰略部署，透過數位主權與平臺控制，重塑資訊場域的意識形態邊界。

第九章　數位國土：App、數據與平臺國族化

對臺灣的制度借鏡：非禁即用之外的第三條路

臺灣處於開放資訊社會，TikTok 亦擁有龐大使用者基礎。與美國相似，我們也面臨：

- 高度依賴外國平臺的資訊接收與社交傳播。
- 欠缺本地平臺競爭力，難以取代主流使用習慣。
- 政府缺乏平臺合規框架與緊急應對能力。

但不同的是，臺灣不易以強制手段封禁平臺，須透過更精密的制度工具建構「可控性參與邊界」。建議策略包括：

- 設立跨部門數位平臺監理委員會，專責處理外資平臺資料、推播與演算法合規。
- 推動數位主權法案，定義敏感資料的處理、平臺的營運責任與違規懲處機制。
- 強化本地平臺創新能量，透過資料共享、國家信任憑證與公共採購方案扶植在地數位品牌。

這些制度不求封禁誰，而是讓外來者知道：臺灣雖開放，但不是無序；你來得了，也得守得住我們的規則。

第四節　美國審查 TikTok 與科技冷戰再升級

平臺即疆界，政策即刀鋒

在川普第二任期的推動下，TikTok 不只是社交媒體，而是中美數位冷戰中的一塊國際秩序試金石。其封與不封、賣與不賣、怎麼賣，不再只是商業決策，而是一次次主權定義與科技秩序重構的演練。

未來的戰場上，平臺不是旁觀者，而是主角；資料不是資產，而是戰略資源。臺灣若要在這場看不見的科技戰爭中倖存，就必須清楚知道，自己的數位疆界，該從哪裡畫起，又該如何守住。

第九章　數位國土：App、數據與平臺國族化

第五節　臺灣法制如何跟上數位邊界戰爭的步伐

當數位國境浮現，我們準備好了嗎？

前四節所述的全球趨勢已明確揭示一項事實：數位邊界正在迅速成為主權新戰場。不論是印度以國安為名封禁App、美國以立法方式審查平臺演算法、或中國以法規構築資訊鐵幕，這些現象共同呈現出一個時代轉折點——國界不再只是地圖上的線條，而是平臺的數據節點、演算法的分流邏輯、雲端的伺服器位址與 App Store 的下架選項。

身為資訊開放、產業高度國際化、地緣風險集中的民主國家，臺灣必須擁有面對數位主權競爭的法制防禦力與策略進攻力。但現實是，我們的法規體系仍停留在「數位治理＝資通安全」的單一認知，尚未建立足以對抗數位主權邊界鬆動的法律體系。

> 第五節　臺灣法制如何跟上數位邊界戰爭的步伐

法規真空下的五大制度缺口

第一，缺乏平臺營運主權認定機制。

目前臺灣對 App、雲端服務與演算法平臺的監理，僅涵蓋電信服務（NCC）、個資保護（個資法）與部分跨境稅務（營業稅制）。卻未定義「平臺主體國籍」與「系統性風險平臺」的法律地位，導致如 TikTok、小紅書等應用程式雖擁有龐大影響力，卻無法依法要求其設立在地代表或應對資料質詢。

第二，資料主權與跨境數據缺乏法律框架。

目前《個資法》雖有資料出境條文，但僅屬指導性原則，並未建構跨境資料交換的主權談判框架或風險揭露制度。外國平臺是否將臺灣用戶資料轉往中國、美國或新加坡？是否經過加密與使用者同意？主管機關難以查證，也無實質罰則。

第三，演算法推播不受本地治理規範。

內容推播系統直接影響輿論結構、選舉認知與心理安全，然而臺灣未設演算法行為責任制度，亦未規定平臺需公開其推播邏輯、接受外部審計或提供「非個人化內容選項」。

第四，資訊戰應對仍缺法律授權與跨域協作制度。

國安機關雖掌握境外干預資訊，但無法直接要求平臺移除內容或限制帳號，亦無法在選舉期間實施快速反應機制，

第九章　數位國土：App、數據與平臺國族化

現行法制仍將資訊戰視為「事後查證」，未能「事前防堵與危機溝通」。

第五，本地平臺無法獲得制度支持。

許多本土平臺（如 Dcard、SoundOn、Readr 等）難以與外資巨頭競爭，部分原因在於未能在資料存取、技術資源、法規傾斜中取得支持。政府雖有鼓勵創新政策，但缺乏針對「制度信任型平臺」的差異化扶持措施。

可能的法制進路與政策設計

面對這些挑戰，臺灣應建立具備數位邊界辨識能力、風險治理能力與制度輸出能力的法律架構。以下為五項可具體推動的政策建議：

1. 制定《數位主權治理法》

以歐盟《數位服務法》（DSA）與《數位市場法》（DMA）為藍本，建立臺灣版數位平臺治理專法，內容應涵蓋：

- ◆ 對具「跨境風險」與「高社會影響力」之平臺進行登錄與資訊披露。
- ◆ 強化演算法透明度，設立「內容推播透明申報機制」。
- ◆ 要求平臺於本地設立法律責任窗口。

第五節　臺灣法制如何跟上數位邊界戰爭的步伐

2. 設立「跨境資料管理辦公室」

專責處理資料出境案件、與友邦簽訂資料互信協定（data trust agreements），並進行敏感資料出境風險評估，建立「資料主權報告」制度，定期公開資料流向與政策透明度。

3. 設立「數位平臺國安審查機制」

由國安局、NCC、個資保護委員會、經濟部及數位發展部共同組成審查平臺，針對來自敵對國或不明資金背景之平臺，進行定期合規風險評估，並具備必要情況下的行政干預權。

4. 修正《選罷法》納入「數位介入條款」

規範選舉期間平臺推播機制與廣告標記制度，明定外國勢力透過社群平臺干預選舉即構成違法，平臺需配合調查與內容暫停處置。

5. 推動「制度認證型本土平臺扶持政策」

結合數位部與國發基金，對透過「資料安全」、「內容治理」、「在地雲端」三項指標的本地平臺提供：

- 研發補助
- 公共採購優先納入
- 行政資料介接 API 開放支援
- 與跨國平臺公平競爭的稅務與合規條件

第九章　數位國土：App、數據與平臺國族化

借鏡他國，臺灣能否創造第三種治理模式？

美國模式重國安，歐盟模式重規則，中國模式重封控，臺灣若要在三者之間走出自己的一條路，關鍵在於是否能創造一套「自由與控制兼容」、「信任與效率共存」的制度場域。

我們既不能封掉所有不合規平臺，也無力在全球科技秩序中發號施令，但我們可以透過建立制度標準、資料倫理與平臺治理場域，成為亞洲數位規則的中間地帶與實驗場。

這不只是守護資訊空間的需要，更是產業發展的前提與國家韌性的底層工程。

數位邊界不是不可見，而是不可忽視

當國境由雲端決定、當主權透過 App 行使、當社會穩定繫於演算法之手，每一項數位治理行動就是一項國家戰略選擇。臺灣若要在新冷戰的科技秩序中生存，絕不能再以「科技中立」自處，而是要清楚知道 —— 邊界，不是與人為敵，而是為自我立命。

下一步，不只是建法，而是敢於治理；不只是學他人，而是寫自己的數位國策憲章。

第十章

產業自主與策略儲備體系建構

第十章　產業自主與策略儲備體系建構

第一節
自主生產與關鍵戰略物資庫存政策

關鍵物資不只是資源，更是國家存續的底線

2020 年疫情初期，當各國陷入口罩、疫苗與防護衣搶奪大戰時，世界才真正意識到：物資供應鏈的斷裂，不只是產業問題，更是國安議題。彼時，義大利醫護因無 N95 而失守第一線、印度因原料短缺暫停疫苗出口、臺灣則以「口罩國家隊」聲名大噪，這些事件證明：在全球化後的「供應鏈戰爭」中，能不能做、存不存貨，決定一國抵抗力與生存率。

此後，「自主生產」與「戰略儲備」不再只是災害應變的附屬政策，而成為主權戰略的核心，成為各國政府重塑產業政策、重新定義自由貿易與經濟韌性的起點。

從效率邏輯到安全邏輯的轉向

傳統經濟學強調比較利益與全球分工，鼓勵國家專注其最有效率的產業。但疫情與戰爭卻讓世界看清：效率的極致，是風險的極致。當產地集中、運輸單線、物料無庫存，任何

> 第一節　自主生產與關鍵戰略物資庫存政策

一個節點被斷，就等於整條產業鏈癱瘓。

因此，從 2021 年起，歐盟、美國、日本等已開發國家紛紛啟動「關鍵物資自主化政策」與「戰略儲備機制」，從原本的「Just in time」生產邏輯轉向「Just in case」預備體系。

- 美國《國防生產法》（DPA）被再度啟動，用於確保疫苗瓶、半導體材料、嬰兒配方奶粉的本地化生產。
- 歐盟啟動「關鍵原物料法案」（CRMA），建立稀土、鋰、鎳等關鍵礦物的共同儲備與進口多元化機制。
- 日本則重新建構「經濟安全保障推進法」，強化政府對重要物資的供應鏈追蹤權與儲備監控力。

這些政策顯示：現代國家已不能單靠市場調節物資流通，而需具備介入、扶持與干預的制度能力。

關鍵戰略物資的範疇重構

那麼，什麼是「戰略物資」？傳統定義多限於能源、糧食與軍需品，但如今隨著產業演進與科技普及，戰略性早已從石油與米倉，擴展到晶片、醫材與電池模組。

根據 OECD 與世界銀行在 2024 年的共識報告，現代戰略儲備應涵蓋下列五大領域：

第十章　產業自主與策略儲備體系建構

- 基礎醫療物資：疫苗原料、抗病毒藥物、有毒氣體解毒劑、生理食鹽水與基本診療工具。
- 通訊關鍵零件：半導體晶片、射頻模組、高速記憶體、通訊網路備援器材。
- 能源與電池材料：鋰、鈷、石墨與氫能模組、儲能系統相關關鍵零件。
- 農業生產資源：高效能種子、農藥、肥料與灌溉設備的備援模組。
- 數位基礎架構資安元件：防火牆晶片、AI 邏輯晶體與伺服器安全加密元件。

這些領域不僅跨部會，更跨產業，若無國家層級的策略統整，將無法在緊急時刻有效調度。

儲備策略的四大轉型方向

在新型戰略儲備概念下，全球開始推動四種轉型：

- 從現貨儲備到產能儲備：不只是「有庫存」，而是「緊急時能擴產」。例如美國要求疫苗廠具備 90 天內三倍產能調整能力，並由政府補助維持低度營運的「冷備生產線」。
- 從單一倉儲到分散多點系統：防止災變或戰爭集中摧毀。歐盟設立「地區性儲備走廊」，讓成員國互為後援。

> 第一節　自主生產與關鍵戰略物資庫存政策

- 從軍備導向轉為民生與經濟混合儲備：半導體不再只是工業用品，而是全社會運作基礎；糧食不只是農業問題，而是社會穩定要件。
- 從靜態倉儲轉為動態資訊整合平臺：即時掌握物資流向、庫存量、品質狀態與運輸風險。例如日本設置「戰略物資資料即時儀表板」，整合部會資訊，供首相府危機管理中心使用。

這些措施的核心觀念是：預備不只是囤積，而是結合彈性、科技與制度管理的新型戰備結構。

臺灣的制度現況與潛在風險

臺灣雖在疫情期間展現口罩國家隊、生技快篩與口服藥量產的能力，但整體而言，我國戰略儲備制度仍存在明顯斷層：

- 法源不足：現行《災防法》、《糧食管理法》、《戰時民需物資條例》等未涵蓋晶片、電池、通訊、數位基礎設施等新興關鍵物資。
- 部會分工碎片化：農委會管糧食、經濟部管能源、國科會管半導體、衛福部管醫材，未有統一規劃儲備政策之國家級架構。

第十章　產業自主與策略儲備體系建構

- 預算機制不明確：目前儲備多倚靠突發性追加預算與捐贈合作，缺乏長期、透明、科學化的資金配置計畫。
- 企業參與動能不足：本地企業對戰備儲備認知模糊，缺乏產能轉換誘因與儲備投資回報機制，政府難以動員民間備產。

這些缺口在面對區域軍事緊張、國際貿易斷鏈與氣候變遷風險時，將成為國安弱點。

自主不是自產一切，而是能夠自保關鍵

自主生產與戰略儲備的核心，並不是回到舊式「關起門來自己做」的保護主義，而是在全球分工仍存在的情況下，建立能在斷鏈、危機或衝突中維持社會基本運作的最低安全網。

一個現代國家若不能掌握自身關鍵物資的生產與儲備規劃權，終究會在經濟戰與數位戰中失去談判能力。

臺灣作為全球科技製造中心與區域地緣熱點，更應優先建立符合現代風險格局的儲備法制與產能配置系統，才能在下一場全球混合戰爭來臨時，不只是抵抗，而是穩住國本。

第二節
國家安全與經濟政策的交叉融合

安全與經濟,從拆開看變成一起做

二十世紀的政策結構總是假設:經濟是經濟,安全是安全,兩者分屬不同系統。經濟學人關注利潤與市場,國防單位著眼於軍備與情報,政策制定上也有明確部會分工——經濟部、國防部、財政部各司其職。但到了二十一世紀的第三個十年,這種分離主義的治理模型正在崩解。

疫情讓人發現全球供應鏈的脆弱、晶片荒引發各國對產能控制的焦慮、俄烏戰爭更使天然氣成為外交武器,這些例子顯示:沒有哪一條產業鏈是純粹經濟行為,每一條供應線背後都是主權選擇與戰略評估。

於是,我們看到一個新現象快速成型——經濟政策軍事化、國安策略產業化。而這不只是短期戰略調整,而是一場全球治理邏輯的「再融合工程」。

第十章　產業自主與策略儲備體系建構

美國的典範轉向：
從《晶片與科學法》到供應鏈戰略回歸

美國是最早明確將「經濟即國防」納入國家策略的民主國家。自 2021 年拜登政府上任後，提出四大產業供應鏈審查，包括半導體、電池、藥品與關鍵礦物；2022 年則透過《晶片與科學法》，投入超過 527 億美元用於國內半導體製造研發與基礎建設。

這些舉措的邏輯並不僅是扶植產業，而是重新將戰略自主納入產業政策指標。除了補助企業建廠，美國更建立「國防供應鏈司令部」（Defense Supply Chain Task Force），由國安會、商務部、能源部、國防部與 CIA 共同構成，將技術投資、產能布局與國防需要統一編列優先順序。

簡單地說，美國已不再將晶片當作經濟商品，而是視為戰略空優的先備資產；製造能力不再只為 GDP，而是確保「制裁有用、斷鏈可控、應急可調」的手段。

日本的結構創新：經濟安保政策的全面編制

日本在 2022 年實施《經濟安全保障推進法》，被譽為亞洲最完整的經濟－安全整合模型。該法明訂：

> 第二節　國家安全與經濟政策的交叉融合

- 關鍵技術由政府帶頭主導研發與長期資金挹注，包括量子運算、人工智慧、太空與新能源。
- 供應鏈韌性分析納入國家級定期盤查，由內閣府與產經省進行風險分類，提供「風險高」供應鏈名單。
- 戰略性基礎設施受國家保護與投資參與，如電網、通訊基地臺、港口等不得私營獨占或由敵意資本掌控。
- 民間企業需定期提交資訊安全與地緣風險揭露報告，否則將失去政府補助資格。

這些機制象徵著日本的政策思維已不再「經濟部講產業、國防部講威脅」，而是建構起一個能從「產業根基」思考「國防長程安全」的整合型制度。

歐盟的制度層整合：
地緣風險與綠色戰略雙融合

歐盟在烏俄戰爭後對天然氣依賴的代價有深刻體認。隨後推出的《關鍵原材料法案》(Critical Raw Materials Act)與《綠色產業法案》，便是以地緣政治風險評估＋低碳轉型目標為雙重架構，重寫原物料政策。

歐盟明定：

- 到 2030 年，至少 40％的綠能技術應由歐洲本土製造。

第十章　產業自主與策略儲備體系建構

- 重要金屬不得有超過 65% 依賴單一來源國（例如中國）。
- 政府將出資協助建立「策略儲備協作平臺」，供成員國共享稀有資源緊急調度網絡。

換句話說，氣候政策不再只是環保，而是能源安全的一環；產地規劃不再只是物流成本，而是政治風險防火牆的延伸。

臺灣的融合挑戰：
法規隔離、部會分工、戰略模糊

臺灣目前在國家安全與經濟政策的整合度上，仍處於結構性斷層階段。以下是幾項制度症狀：

- 政策本位主義猖獗：國防部談安全、經濟部談補助、國發會談創新，但缺乏能整合三者的跨部治理機制，導致晶片政策與兵推演練無交集，戰備儲糧與農產政策無對話。
- 資訊系統不連通：各部會擁有供應鏈資料、廠商清冊與進口依賴數據，但無整合性儀表板或戰略盤查模型。
- 預算配置欠缺風險導向：儘管已有經濟部產業創新平臺，但資源多投入「創新亮點」與「市場潛力」，未建構針對「戰略必要」或「斷鏈高風險」的補助條件。

第二節　國家安全與經濟政策的交叉融合

- 無「戰略自主」評估制度：半導體、自動化、醫療生技等產業雖發展蓬勃，卻缺乏自主能力指標、替代進口比例與地緣依存度指數。

這些問題使臺灣在面對混合戰風險時，即使產能豐沛，也可能因缺乏「策略使用與分配框架」而喪失主導地位。

建議改革方向：從結構建設到制度編列

- 設立「國家經濟安全與戰略產業委員會」，由總統府層級統籌，統合經濟、國安、能源、數位與科技五大領域，並具備資料調閱、政策審查與預算建議權。
- 建立「戰略自主產業盤點報告」制度，每年公布關鍵供應鏈的自製率、進口集中風險、潛在替代國來源、戰時可動員性等評估指標。
- 法制化「投資國安評估條款」，針對境外資金投資核心關鍵技術或基礎設施，除投審會之外須設立「安全交叉審議小組」。
- 整合「經濟戰備資料平臺」，建立從企業產能、供應鏈節點、物流系統到替代品研發的動態數據儀表板，支援各部門情境模擬與備援規劃。

第十章　產業自主與策略儲備體系建構

融合,不只是協調,而是治理進化

當國際局勢要求我們用「整體性」面對風險,用「系統性」管理資源,傳統的部門治理模式將無法因應複合性挑戰。國家安全與經濟政策若仍各說各話,那麼下一場危機到來時,我們將只會看到責任互推與機會錯失。

融合不是概念,而是一場治理能力的升級工程。臺灣若能以戰略思維與跨界架構,讓「經濟能打仗,安全有產業」,那麼即使小國,也能在地緣巨變中立足不搖。

第三節　半導體、生技、電池：三大未來核心產業

世界正圍繞這三個關鍵產業，重組地緣經濟秩序

自 2020 年疫情爆發、2022 年烏俄戰爭加劇、2024 年川普再度當選以來，全球經濟重心不斷從傳統製造、消費市場，轉向供應鏈安全、科技主權與戰略自主性。在這場地緣政治與制度重構的混合賽局中，有三項產業被各國政府同時列為「未來國力的戰略支柱」——半導體、生技與電池。

這三者不僅是產業發展的技術前沿，更是國家在危機、封鎖與再分配架構下，維持基本運作、保持自主能力、捍衛制度地位的「經濟底盤」。不論是歐洲的「主權技術倡議」、美國的「製造回流戰略」、日本的「產業安全保障推進法」，皆將這三個領域視為與軍工、能源、防疫同等重要的核心資產。

更重要的是，這三個產業具有高集中、高依賴與高轉移障礙的結構特性，成為國際角力中的稀缺籌碼。掌握者有話語權，失去者則成為制度外圍的弱勢供應方。

第十章　產業自主與策略儲備體系建構

半導體：從技術冠軍到制度焦點

臺灣是全球半導體供應鏈的心臟，尤其在晶圓代工（Foundry）領域，台積電一家就占據先進製程市場近七成。然而，美中科技對峙與出口管制制度升高，使這項技術優勢成為雙面刃——既是戰略價值，也是制度風險。

半導體產業的三重重構趨勢：

- 技術標準內部化：美國要求所有先進製程供應鏈須在「可控司法區域內」，台積電赴亞利桑那設廠、日本熊本計畫即為對應措施。
- 合規導向的客戶分級：高階晶片不得供應中國軍民融合實體，企業須建立風險辨識、終端用途查核與資料揭露機制。
- 安全與冗餘成為新投資誘因：各國補貼晶片產業，不再以成本效益為核心，而是以「戰時生產彈性」與「內部自給」為主軸。

臺灣半導體企業需從「技術優勢管理」進化為「制度供應能量建構者」，與各國共同建構可信任製造、法規可對接與碳排／資安標準可驗證的全球平臺。

第三節　半導體、生技、電池：三大未來核心產業

生技：疫情之後的國安新地圖

過去生技被視為「高研發、慢產值、需時間兌現」的產業，但在 COVID-19 疫情與疫苗外交過後，各國重新理解到：生技不是商業，而是國家生存能力的一部分。

美國推動疫苗國產化計畫、歐盟補貼 mRNA 技術升級、日本建立藥品原料備援基地，皆屬於生技產業戰略化重構。

生技產業的制度驅動特性：

◆ 供應鏈高度分散但節點極端集中：疫苗原液、mRNA 脂質載體、超低溫冷鏈設備多數集中於美歐少數公司。
◆ 法規體系複雜，跨國准入門檻高：FDA、EMA、PMDA 標準互認困難，導致非核心經濟體難以建立信任。
◆ 研發速度與資料透明度成為競爭門檻：AI 模擬藥物設計、遠距臨床試驗平臺正在重塑藥品研發的流程與效率。

臺灣在疫苗研發、醫療器材、數位健康上具技術基礎，但若無法在法規互通、資料可信與跨境流通上建立制度節點，將無法真正進入「主流醫療供應國」行列。

第十章　產業自主與策略儲備體系建構

電池：淨零轉型下的新戰略礦產產業

在電動車、儲能系統與再生能源網路加速推進下，電池已不再是附屬元件，而是現代能源與軍事裝備的核心能源單位。尤其在鋰、鈷、鎳、石墨等礦產受限出口的背景下，電池產業的「主權化」與「去依賴化」成為各國新目標。

電池供應鏈的新戰略邏輯：

- 材料政治化：中國控制70％以上的鋰電池原料提煉能力，美歐積極與澳洲、智利、印尼建立採購／儲備協定。
- 製程地理分布風險升高：韓國、日本企業主導電池模組，但製造遍布中國。美國《通膨削減法案》（IRA）則設條件補助，僅適用於「非中國供應鏈」。
- 儲能系統國防化：歐洲將儲能系統納入軍民兩用基礎設施，建構「戰時可拆解、平時可儲備」的多場景備援架構。

臺灣在材料純化、模組設計與系統整合上有技術潛力，但仍欠缺上下游整合能力與政府級儲能產業政策支援。要在全球電池戰中獲得定位，必須與日美歐共享生產標準、材料來源透明與供應備援系統。

> 第三節　半導體、生技、電池：三大未來核心產業

三大產業的共同挑戰：從技術能力到制度對接

儘管產業性質不同,但半導體、生技與電池均面臨以下制度性挑戰：

國際資料揭露與合規審核壓力

從碳足跡到 ESG、人權風險到資安評鑑,未來所有出口商品都需「可驗證、可審計、可信任」。

跨司法區風險管理機制缺口

供應鏈被要求同時符合美、歐、日、臺等不同法規,但企業內部缺乏對應法遵技術與流程。

「製造優勢」無法自動轉換為「制度資產」

即使有技術、設備與產能,若無資料整合、國際對接能力,將喪失市場進入權與國際談判話語權。

若不能制度升級,我們的技術將被系統排除

未來的貿易戰場,不在港口與機場,而在資料庫與稽核平臺；競爭不再只是價格與產能,而是誰能提出可被信任、可被解讀、可被制度接納的產業證明。

臺灣擁有三大未來核心產業的基礎,但若不在制度治理、國際合規與資料透明度上進行升級,終將被全球價值鏈

> 第十章　產業自主與策略儲備體系建構

排除於主體之外。這是一場技術為本、制度為輔、信任為最終通行證的三層戰爭，我們必須準備好，從今天開始，設計臺灣的下一步制度方案。

第四節
供應鏈韌性評估與策略備援體系

全球風險時代的供應鏈新課題

「韌性」成為近年全球產業政策中出現頻率最高的關鍵字之一。從 COVID-19 疫情導致全球製造體系斷裂、到俄烏戰爭觸發能源與糧食流通障礙、再到紅海航運危機重創東西方物流連通，這些事件無不說明：供應鏈的穩定性已經不再只是企業風險，而是國家韌性的底層指標。

在這樣的情境下，「供應鏈管理」已從過往的成本控制與效率導向，轉向風險預測、韌性評估與戰略備援的國安層級策略。這不僅是企業如何保護交貨能力，也關係到一國能否在危機下維持基礎產能與社會穩定。

供應鏈韌性的三個關鍵維度

在國際政策與學術界，目前針對供應鏈韌性大致形成三個層面之共識：

第十章　產業自主與策略儲備體系建構

結構性分散性（Diversification）

一條供應鏈若所有關鍵節點都集中於單一地區（如中國、俄羅斯），一旦該地區遭遇封鎖、政變或自然災害，即可能造成連鎖癱瘓。因此，供應鏈須具備「多來源」、「多國布局」的彈性。例如：日本對稀土的採購策略由原本90％依賴中國，轉向增加越南與澳洲供應比例。

應急備援能力（Redundancy）

包括「備品存貨」、「替代材料」與「備選製程」三個維度。高效率經營下常被削減的庫存制度，在危機時往往成為關鍵緩衝。2021年晶片荒即突顯各車廠「零庫存」體制的風險。若能建立關鍵料號的「戰略備庫清單」，可避免整線停擺。

資訊與決策透明性（Visibility）

有些企業知道自己第一層供應商在哪，但不知道第二、第三層供應商位於何地，這造成實際風險被低估。建立完整的供應鏈地理圖譜與供應商風險指數，是國家進行韌性戰略建構的必要工具。

這三項不僅是企業風控問題，更是政府能否設計一套有效備援政策的資訊基礎。

第四節　供應鏈韌性評估與策略備援體系

國際做法：從報告制度到備援模擬

近年各國開始將「供應鏈韌性」納入國家層級政策，代表作包括：

美國《關鍵供應鏈審查報告》系列 (2021～2024)

每年針對半導體、電池、藥品與農業物資進行供應鏈評估，要求企業申報來源國、備援計畫與替代材料研發進度。

歐盟「開放戰略自主報告」

設立「供應鏈依賴警戒系統」，對進口依賴超過 65%、集中度高於 80% 的項目發出戰略警示，並啟動分散投資方案。

日本經濟安保儲備制度

除了提供企業進口替代研發補助，也與東南亞各國簽署「戰略儲備共購協議」，確保緊急時期物資共享與產線轉接。

這些制度不僅增加透明度，更建立起一套能因應戰爭、疫情、封鎖等不可預測風險的政策工具。

臺灣的現況與痛點

臺灣作為全球科技製造重鎮，若無高等級供應鏈備援策略，將極易在第一時間成為「斷鏈災區」。目前我國存在以下幾個問題：

第十章　產業自主與策略儲備體系建構

缺乏供應鏈整體視角政策架構

經濟部雖有產業輔導與出口計畫，但未納入戰略備援視野。各部會未建立統一平臺掌握跨產業風險集中度。

企業備援成本高，誘因不足

中小企業普遍不願投入備品與第二生產線建構，因缺乏稅負抵減、貸款利率補貼與政府預購機制支援。

資料掌握不全

政府對企業上下游供應鏈的掌握多仰賴廠商自願申報，缺乏數位化供應鏈地圖，導致政策回應速度慢、精度低。

危機模擬不足

臺灣定期軍事兵推有之，但產業供應鏈兵推制度尚未制度化。一旦戰時斷港、停電或海纜中斷，缺乏模擬數據與替代路徑計算工具。

可行的政策工具與制度建議

建立「供應鏈風險與替代性指數模型」

整合經濟部、金管會、國科會與資策會數據，建構關鍵產品／原料的依賴程度、可替代性、風險地區暴露程度等指數圖譜。

第四節　供應鏈韌性評估與策略備援體系

推動「戰略備援平臺法制化」

將「產業備援中心」升格為法定機構，結合戰略物資清冊、企業合作平臺與國外協議簽署窗口。

引進「備援費用可抵稅機制」

鼓勵企業設立多點生產據點與備庫系統，政府提供一定比例稅務抵減與採購優先權。

建立「供應鏈危機模擬兵推制度」

每年針對半導體、生技、農業與能源等核心產業，進行多情境模擬演練，包含海運中斷、電網癱瘓、特定國家禁運等場景。

與盟邦簽署「供應共享協議」

結合與美日、歐盟、東南亞簽署的經濟合作架構，建立戰略物資「互助儲備」與「中繼轉產」機制。

從供應鏈管理到國家韌性的基礎設施

供應鏈不是單純的物流安排，而是現代國家運作的隱形脈絡。一旦這條脈絡被掐住，再多的資金、政策與外交都會變成無力的紙上作業。

臺灣若想在下一場危機中擁有主動，不只是要能生產，更要能快速轉向、迅速調度、及時應變。而這一切的前提，正是從今天開始，用制度建構「備援能力」的底層工程。

第十章　產業自主與策略儲備體系建構

第五節
臺灣的戰略物資儲備與法制改革進展

從防疫口罩到戰時備料：
國安思維的產業重構起點

自 2020 年疫情爆發以來，臺灣「口罩國家隊」與國產疫苗計畫讓社會普遍認知到：戰略物資儲備不是災難備案，而是國安體系的一環。在戰時模擬逐漸常態化、能源轉型加速推進、供應鏈斷鏈風險未解的背景下，臺灣必須從口罩、藥品、糧食的初階儲備，走向半導體、生技、能源原料與數位資安的全面戰略性規劃。

但遺憾的是，過去三年雖有局部政策推進，整體制度仍落後於風險實態。儲備法規零散、資源分配分散、部會間缺乏整合機制，導致臺灣在明知風險日增的情況下，仍無法形成一套具備長期預測、科學調度與快速動員的戰略儲備體系。

第五節　臺灣的戰略物資儲備與法制改革進展

法制現況盤點：斷層與重疊交錯的治理困境

目前臺灣有關戰略物資儲備的法源依據分屬多部會，包含：

- 《糧食管理法》（農業部）：保障基本糧食庫存、調配、倉儲規範。
- 《能源管理法》（經濟部）：規範石油、天然氣等儲量標準與調度流程。
- 《災害防救法》（內政部）：應對天然災害之緊急物資調度。
- 《傳染病防治法》（衛福部）：規範醫療物資儲備與防疫用品管理。
- 《全民防衛動員準備法》（國防部）：戰時動員與民生物資分配。

但這些法規各自為政、標準不一、互不整合，缺乏一套跨部會指揮機制與共同數據平臺。舉例來說：

- 糧食庫存由農業部管理，但無法與戰時備糧需求同步對接；
- 防疫物資雖有採購平臺，但缺乏與工業產能的即時配接；
- 能源儲備具備總量管理制度，卻未建立「區域備援」與「軍民共享」機制。

第十章　產業自主與策略儲備體系建構

這使得即便各單位皆有儲備資源，遇到真正危機時仍可能因權責不清、調度無系統而出現「有物資但無法動用」的狀況。

近年進展與制度創新嘗試

儘管整體結構尚未整合，部分政策部會已開始推動制度創新：

經濟部：強化半導體供應鏈韌性

經濟部持續推動半導體產業的供應鏈安全，特別針對高純度氣體、光阻劑等關鍵材料，強化備援與調度機制。此外，為提升供電系統的韌性，採取多項措施，包括增建燃氣機組、推動再生能源，以及強化供電系統的穩定性，以確保產業用電的穩定供應。

數位發展部：提升關鍵基礎設施資安與營運韌性

數位發展部依據「資通安全管理法」，持續強化關鍵基礎設施的資安防護，涵蓋能源、水資源、通訊傳播、交通、金融等八大領域。此外，推動建構多元異質三維通訊網路，提升通訊網路的韌性。

國防部與衛福部：建立戰時醫療資源整合機制

國防部與衛福部合作，建立戰時醫療資源整合機制，推動軍民醫療資源的整合，並安排多場「軍、公、民營醫療整

第五節　臺灣的戰略物資儲備與法制改革進展

合演練」,以驗證並調整應急方案,確保各環節在真正的危機中能夠無縫對接。

農業部與台糖公司：建構區域冷鏈儲糧機制

農業部農糧署與台糖公司合作,推動「建構農產品冷鏈物流及品質確保示範體系計畫」,加速建構全國農產品冷鏈物流體系,建立從生產端到消費端完整冷鏈不斷鏈的物流體系,提升農產品到貨品質與市場競爭力。

這些新措施顯示：戰略儲備概念已逐步從靜態倉儲升級為「動態備援調度體系」的雛型,只是仍待整合法源、預算與統籌指揮權。

制度整合建議：建構臺灣版「戰略資源總署」

為回應日益複雜的戰略物資挑戰,建議政府推動以下制度性改革：

制定《戰略資源整備法》

統整既有各部門個別儲備法源,建立「戰略物資分級分類制度」,明定哪些品項屬「全國戰備必須」、哪些屬「產業關鍵支持」、哪些可民間自主備援。並明確主導部門、調度程序與預算分擔原則。

第十章　產業自主與策略儲備體系建構

成立跨部會「戰略資源整備指揮中心」

建議設於行政院層級,納入國發會、經濟部、國防部、衛福部與數位部。平時編列「戰略儲備風險報告」,戰時統籌調配。

建立「全國戰備資源數位平臺」

整合能源、醫療、糧食、原料、ICT、勞動力等資料,打造動態視覺化儀表板,支援政府緊急調度與風險預測模擬。

推動「企業儲備參與誘因計畫」

對願配合政府建立備產線、備庫與備料系統的企業,提供稅賦優惠、採購保證與專利快審等誘因,提升民間投入誘因。

強化與民主盟友的戰略儲備協議

將儲備外交納入對外經濟合作協議,與美日歐等國共建區域性戰略物資共享與互助儲備網絡,提升我國在國際危機中的談判力。

讓備而不用不再成為浪費,而是底氣

過去我們常說「備而不用是浪費」,但在全球進入地緣風暴頻繁與系統性風險常態化的時代,真正的浪費,是明知風

第五節　臺灣的戰略物資儲備與法制改革進展

險卻毫無準備。一旦斷電、斷鏈、斷網、斷糧、斷油，我們才會理解：沒有一個經濟奇蹟能承受基本物資的全面崩潰。

　　建立戰略儲備制度，不是為了拋棄全球化，而是要在全球化失靈時還能挺住；不是為了走向封閉，而是讓我們在開放中掌握最低保障。這需要預算、需要共識、需要耐心，但更需要一個清楚的信念——國家強不強，不只看 GDP，也要看災難來臨時，我們能撐幾天。

第十章　產業自主與策略儲備體系建構

第十一章

川普現象 2.0：
政治貿易主義的重返

第十一章　川普現象 2.0：政治貿易主義的重返

第一節
民粹與經濟保護交織的新戰略

民主選舉中的保護主義：
從口號到制度的演化

2024 年 11 月，川普再度當選美國總統，不僅完成歷史性的政治回歸，也帶來一場結合民粹情緒與貿易手段的制度性反撲。這不是單純的「回歸川普」，而是川普主義（Trumpism）進入第二階段——從語言攻擊升級為結構性政策設計。

川普現象 2.0 的核心戰略，乃是將美國選民對全球化、產業外移、社會不平等與經濟焦慮的憤怒情緒，轉化為具體、可執行、並可選舉操作的貿易與產業政策。而其最有力的工具，正是「關稅」。

不同於傳統新自由主義強調自由市場與規則導向，川普強調「交易」與「主權」，認為國家應以貿易政策主動創造有利於本土利益的空間。這種觀念聽起來簡單粗暴，但對於深感被遺棄的中西部藍領選民與農業社群而言，卻極具感召力。

第一節 民粹與經濟保護交織的新戰略

美國經濟民族主義的再進化

早在 2016 年，川普即以「美國優先」作為競選主軸，推翻北美自由貿易協定（NAFTA）、發動中美貿易戰、強制企業回流。這些行動在商業界與華府建制派眼中被視為「破壞國際秩序」，但在部分選民眼中，卻是美國終於「不再當冤大頭」。

2024 年以降，川普將此論述更進一步制度化，推出三大「經濟國族化工具」：

◆ 全域性關稅下限：主張對所有進口商品課徵至少 10% 的基本關稅，並賦予總統權力依據國安或產業政策再加成。

◆ 關稅加選票地理學：根據選舉地理版圖設計「精準課稅」，例如針對墨西哥汽車、歐洲葡萄酒、中國太陽能板提高稅率，強化在汽車州、農業州的選民支持。

◆ 貿易協議重啟機制：規定美國總統可在未經國會批准下暫停或退出多邊貿易協議，並以「協議未保護美國就業」為行政依據。

這些做法不再是即興式「推文政治」，而是川普團隊制度設計下的國族主義經濟工程，其目的明確：動員基層情緒，削弱國際約束，重塑美國利益的可控邊界。

第十一章　川普現象 2.0：政治貿易主義的重返

民粹並非無腦，而是情境邏輯

要理解川普現象 2.0，不可將其視為情緒發洩，而應看作是對一種失衡全球化體系的策略性修補。對於失業的鐵鏽帶勞工、被低價競爭壓縮的本地農戶、或看到 AI 與移工搶走職缺的中產家庭而言，自由貿易已不是承諾未來的希望，而是剝奪生活的機器。

川普以簡單明快的方式（例如說「中國搶了我們的工作」、「歐洲人不買我們的牛肉」）將宏觀政策簡化為可憤怒的敘事，讓政策與日常感受建立了連結。而透過關稅這項工具，選民不但聽見自己的聲音，還能「看到總統在做事」—— 即便這些行動是否真正帶來效益仍有待驗證。

從操作選民到再構國際：貿易作為政治槓桿

貿易政策過去屬於技術性領域，交由專業談判官與國際法專家管理；但川普打破這個界線，將關稅變成一種選舉動員與地緣政治的政治語言。這種策略包括：

- 壓迫盟友服從：例如對韓國汽車課稅，迫使其在中國問題上選邊；或對歐盟產品加稅，要求其增加軍費與修改農業補貼政策。
- 交換外交籌碼：以減少關稅換取外交讓步，例如要求日本協助臺海軍事部署、拉攏墨西哥配合邊境管制。

> 第一節　民粹與經濟保護交織的新戰略

- 對內提供可見政績：透過關稅增加美國工廠投資、創造本地就業的形象操作，轉換為選票支持。

這套邏輯，雖違反 WTO 規則與多邊秩序，但卻在國內外皆具槓桿效果。他迫使全球進入一種新的政治經濟現實：貿易不再只是利益交換，而是國家權力再分配的工具。

民粹化的經濟安全政策如何擴散？

川普所代表的經濟保護邏輯，正透過政策感染力擴散至其他國家。全球已有多國效仿其「本地優先」、「逆全球化」模式，包括：

- 印度：強推「印度製造」政策，限制外資參與國家基礎建設與軍事專案。
- 墨西哥：修法要求能源與原物料出口須有「本地溢價」，否則課徵特別稅。
- 法國：馬克宏於 2024 年 1 月公開要求歐盟「對烏貿易保持公平」，也在 2024 阻擋烏克蘭穀物傾銷。
- 德國：提出「能源安全法」，允許政府介入產業轉型與能源供應合約簽訂。

這些現象說明：貿易保護主義不再只是民粹政治的特色，更正成為全球制度鬆動後的新政策主流。

第十一章　川普現象 2.0：政治貿易主義的重返

在情緒與制度之間尋找政策韌性

川普現象 2.0 並非偶發，也不會是川普一人的作品。它反映的是一種新型選舉民主下對全球經濟失衡的制度性反擊。當政策變成情緒的延伸，當貿易工具被轉化為國族動員手段，未來的國際經濟秩序將不再穩定，而是隨著各國政治週期而波動。

在這樣的局勢下，臺灣必須理解：自由貿易體系不會永遠存在，能否在風險中建構自己的選擇能力、談判籌碼與制度強度，才是面對未來不確定世界的根本策略。

第二節　2024選前川普大規模關稅預告政策與產業影響

預告型關稅：
未發生就已改變市場的政治語言

2024年選戰進入白熱化階段之際，川普團隊選擇祭出一項高度爭議、卻政治效果顯著的策略：提前預告一套大規模「當選即啟動」的關稅政策藍圖。這套預告並非一份模糊聲明，而是透過具體的數據、品項、國別與預定時間表，形成一種尚未實施卻已對市場與外交產生實質影響的「政策前沿干預」。

2024年10月，川普在賓州造勢大會上正式宣布：「若我重返白宮，第一天將啟動對所有中國進口商品課徵60％關稅，對全球非友邦課徵一律10％進口稅，並對任何來自墨西哥的汽車增加特別邊境稅15％。」這番言論不只是競選語言，而成為金融市場與產業界的重要風向標。

這場尚未上任的貿易政策，迅速成為2024年全球供應鏈、貿易排程、企業投資計畫的黑天鵝事件。

第十一章　川普現象 2.0：政治貿易主義的重返

關稅預告下的市場即時反應

川普預告推出的大規模關稅，立刻對全球主要產業產生以下三大波動效應：

原材料與零組件價格提前飆升

鋼鐵、鋁、汽車線束、電池模組等高依賴中國或墨西哥供應的品項，在兩週內期貨市場價格普遍上漲 10%～20%。企業為因應可能的加稅，提前搶購料源、重編採購清單。

供應鏈轉單加速與倉儲負擔加劇

北美與歐洲的電動車廠、家電品牌、電子業者紛紛加速從越南、泰國、印度尋求替代製造資源。第三方物流公司報告顯示，2024 年 10 月至 11 月間，美國西岸港口預約倉儲需求暴增 35%。

資本市場波動與預警性投資抽離

中國出口導向企業股價重挫，波及韓國、日本、臺灣等供應鏈夥伴。相對地，美國本土重工業、鋼鐵與農業設備業股價上揚，呈現「政治預期紅利化」的股市結構性偏移。

川普尚未上任，但市場已提早「自我制裁」、「自我再配置」，這正是「預告型關稅」戰略成功的第一個現象層：讓產業在尚未簽署法案前就被迫反應與服從。

第二節　2024 選前川普大規模關稅預告政策與產業影響

各產業的具體衝擊與政策再編

不同產業在面對川普預告式關稅政策時的反應與壓力各異，以下是三大重點領域的即時動態：

1. 汽車產業：全球車廠被迫重寫投資路徑

川普預告「非美組裝車輛一律課稅」，導致多數跨國車廠陷入結構性選擇困境。豐田、現代、福斯等公司宣布重新評估在墨西哥與中國的產能布局，其中部分開始考慮在美中部地區增建組裝線，以避稅兼爭取政治紅利。

對於美國本土汽車工會而言，這成為一個施壓拜登政府的籌碼：誰給稅務屏障，誰就有勞工支持。這種將「政策當作工會招牌」的現象正是川普式地緣政治的內政延伸。

2. 綠能與電池：川普態度轉向不等於產業撤退

即便川普一貫否認氣候變遷，但其對中國電池、太陽能板製造的敵意，反而使美國本土電池製造商受到保護。特斯拉、Panasonic 與韓系電池廠趁勢擴大在內華達、德州的工廠規模，準備承接關稅後的市場空隙。

這使得「反綠能但保護本土製造」成為矛盾卻有效的戰略邏輯，也進一步壓縮中國新能源產品的出口空間。

第十一章　川普現象 2.0：政治貿易主義的重返

3. 農產品與加工食品：夾縫中的籌碼政治

川普未明言對進口農產品加稅，但暗示對進口牛肉、穀物、果汁等「侵蝕美國農民生計」的商品將採配額或配套關稅。這立即引發南美、加拿大與東南亞出口商的政策恐慌。

而川普同時保證將對美國中西部農民提供「再出口補貼」，進一步鞏固其農業州支持度。這正是關稅政策如何與選票經濟合流的標準手法。

產業政策與預期政治的糾纏

與以往不同的是，川普第二輪政策預告不再只是「喊話」，而是經過團隊制度設計與數據建模的結果。他們透過 AI 輿情分析、供應鏈地圖與貿易赤字模擬模型，建立一套「政治預期先行→市場自動反應→產業順勢調整→總統得分提升」的政策路徑圖。

這種方法論使得川普成功達成以下三個目標：

- 政策提前落地：即使無需國會立法，僅透過預告就讓市場與業界開始自行調整，避免行政阻力。
- 外交籌碼壓制力提高：使美墨、中美、歐美談判時，美方握有「市場已準備就緒」的實質壓力。
- 選前政治動員最大化：選民可在「關稅即將實施」的氛圍中感受到即將來臨的變革，進而強化支持度。

第二節　2024 選前川普大規模關稅預告政策與產業影響

當預告本身就成為武器

關稅政策的最大威力，不一定來自其真正實施的稅率，而是其預告帶來的預期管理與市場再定位效果。川普 2024 的「預告型關稅政治」，正代表了一種新式地緣政治手法：在法律與外交尚未反應前，先透過預期創造現實。

這樣的操作策略，對全球產業產生難以估算的壓力與重構，也對如臺灣這類出口導向、供應鏈綜合國提出一個新問題——在還沒真正開戰前，我們是否已在市場規則中輸了一步？

第十一章　川普現象 2.0：政治貿易主義的重返

第三節
汽車與農產品：選票經濟的槓桿操作

當關稅變成選票槓桿：
川普式經濟地理學的真實運作

　　川普的貿易政策向來充滿「交易思維」，而在 2024 年重返選戰的戰略設計中，他更將「經濟政策選區化」發揮得淋漓盡致。這套操作邏輯不僅關乎外交與產業，更將關稅變成操縱州際政治傾向的槓桿工具 —— 在特定地區保護特定產業、觸動特定選民群體的經濟利益感受，最終轉化為選票。

　　其中最具代表性的就是汽車與農產品。這兩大產業不僅具有強烈的地理分布特徵，更與美國中西部與南部的選舉搖擺州密切掛勾，成為川普與民主黨互爭的「政治工業帶」。

汽車產業：製造工人的憤怒與川普的機會

　　美國汽車工業主要集中在密西根、俄亥俄、印第安納等中西部州份，這些地區不僅是傳統藍領票倉，也是過去 20 年產業空洞化的重災區。從 2000 年起，美國汽車業流失超過

第三節　汽車與農產品：選票經濟的槓桿操作

30%的製造職位，許多工廠轉往墨西哥、中國與東南亞。

川普在 2016 年選戰時首次以「讓汽車工作回家」為口號成功奪下密西根與賓州，2024 年他再次使用類似策略，將墨西哥與中國定義為「偷走汽車工作機會」的罪人，並預告對墨製汽車課徵 15%懲罰性關稅，對中國汽車全面禁止進口。

此舉成功在選前觸發三種反應：

◆ 汽車工會分裂：原本支持民主黨的汽車工會內部出現分歧，部分分會轉而公開支持川普，認為「實質的保護主義比空泛的綠能轉型承諾來得有感」。
◆ 企業加速在地投資以躲避稅負：福特與通用紛紛在選前宣布擴建美國境內工廠，對川普表示支持，盼能取得新政府稅務與政策協調空間。
◆ 拜登被迫轉守為攻：民主黨政府提出新的「潔淨能源車採購補助條例」，希望將勞工與綠能整合為同一票源，但成效有限。

川普以關稅為威脅，重新喚起了工人階級對「保護工作」的情感訴求，證明了在選區政治的精算下，政策效果未必來自經濟理性，而來自心理回饋的實感行動。

第十一章　川普現象 2.0：政治貿易主義的重返

農產品：川普的農業州鐵票再強化

美國的農業輸出以黃豆、小麥、玉米與豬肉為主，主要出口對象包括中國、墨西哥、日本與東南亞。過去中美貿易戰曾重創農業州出口，當時川普以巨額補貼安撫選民，被戲稱為「撒錢換選票」，卻也成功鞏固了堪薩斯、愛荷華、內布拉斯加等州的支持度。

2024 年，川普進一步提出兩項與農業相關的關稅政策：

◆ 對進口穀物與水果產品設定階段性配額稅，以「保護國內糧價」為由提高來自南美與亞洲的農產品成本。
◆ 對遵守美國生產標準（例如不使用中國肥料、不使用中國機械）的本地農民提供額外補助與出口獎勵。

這些措施被稱為「選區紅利條款」，實際操作上就是在農業州打造一個結構性偏好的貿易保護圈，對農民來說，即使市場壓力未變，也感受到國家正「明確站在他們這一邊」。

事實上，美國農業對中國市場依賴仍高，川普一方面對中國加徵關稅，一方面讓農業部推出「農產對抗中國特別基金」，對受影響出口商進行現金補助與技術支援，形成「打中國＋補美國」的雙邊戰略。

第三節　汽車與農產品：選票經濟的槓桿操作

「政策選票化」的結構設計術

川普對汽車與農業政策的最大特徵是：將宏觀政策拆解為微區利益輸送的選票工程。這種策略建立在對選區地理、產業結構與選民心理的高度掌握：

- 他知道哪個產業代表哪個地區的就業與身分認同；
- 他知道哪類政策會讓哪些族群感受到「自己被看見了」；
- 他也知道，一旦政策與生計產生連結，政黨傾向就能被動搖。

這種地緣選票操作術，不是單純利益分配，而是將貿易政策作為政黨版圖重構的槓桿。若說傳統自由貿易主張用的是「整體國民經濟利益」邏輯，川普用的則是「在地經濟情緒定位」邏輯。

代價與外部風險：誰來買單？

當然，這種策略性保護主義也帶來兩大外部風險：

- 報復性關稅風險擴大：歐盟、墨西哥與中國皆警告將對等課稅，可能對美國出口產業造成連鎖衝擊，尤其農業反而可能因此失去其他市場。

第十一章　川普現象 2.0：政治貿易主義的重返

- 全球供應鏈混亂加劇：汽車製造、農產加工、肥料與物流供應鏈多為跨國運作，若施行稅制過於激烈，恐導致整體成本上升，進一步反噬本地消費者。

這使得川普雖能獲得短期政治分數，但長期是否可持續，仍取決於是否能建立一套「可自我修正與區域協調」的政策機制，否則極可能陷入過度干預後的調控困境。

地理政治的經濟實踐場

汽車與農業不是偶然成為關稅槓桿操作的對象，而是它們所處的位置與象徵，正好與選票結構完美對位。川普把這個機制看得比任何人清楚，並以之為選戰核心，不只是政策作為，而是地理政治的現場操演。

對其他國家來說，這也釋出一個訊號：當國內政策不再由整體利益驅動，而由區域政治與產業感知主導時，所有的國際貿易都將成為地緣政治的副產品。要因應這樣的環境，我們不能只談自由貿易，更要理解政治現實的供需法則。

第四節
拉美、東亞與歐洲的回應與分化

關稅下的全球再分化：不是對抗就是重新站隊

川普重返白宮後推動的新一輪政治性貿易政策，不僅對美國內部經濟選民產生直接效應，也在國際間引發一場系統性的「反應式外交重整」。不同於過去的多邊協調主義，川普主張的是單邊談判、主權優先與政策優勢交換，迫使各國或者服從，或者另起爐灶。

這導致全球三大區域勢力──拉丁美洲、東亞與歐洲──各自開始進行立場調整，反映出美國霸權不再以「制度共識」為基礎，而是改以「貿易懲罰或特權」為槓桿。

拉丁美洲：依賴與反抗交錯的雙重態勢

川普對墨西哥的關稅威脅尤為強烈，2024 年選前就已放話要「重新審查 USMCA（美墨加協議）條款」，甚至指控墨西哥車廠「藉由中轉貿易繞過關稅系統」。這引發拉美三種典型反應：

第十一章　川普現象 2.0：政治貿易主義的重返

1. 墨西哥的被動對抗

面對美國的關稅壓力，墨西哥選擇與美方私下協調「例外名單」，例如僅針對非美資工廠加稅，或接受額外資料揭露作為交換條件。這反映出「條件式從屬外交」的現實：弱國需透過服從細節來保留核心利益。墨西哥總統克勞迪婭·辛鮑姆（Claudia Sheinbaum）在 2025 年 2 月與川普達成協議，暫停對墨西哥商品的關稅一個月，作為回應，墨西哥部署 1 萬名國民警衛隊部隊至邊境，並要求美方加強對武器走私的打擊。

2. 巴西與阿根廷的逆向平衡策略

巴西總統盧拉（Luiz Inácio Lula da Silva）在 2024 年 11 月與中國國家主席習近平會晤，雙方簽署近 40 項合作協議，涵蓋農業、能源、通訊和核技術等領域。此舉旨在強化雙邊關係，減少對美國市場的依賴。

阿根廷則推動鋰礦開採開放外資權限，吸引全球資本進場。2025 年 2 月，中國贛鋒鋰業在阿根廷薩爾塔省投資 9.8 億美元建設鋰鹽廠，年產能達 2 萬噸。此舉顯示阿根廷致力於成為全球能源轉型中的關鍵供應國。

東亞：分裂的區域反應鏈

川普關稅政策對東亞的震撼最大，尤其是在中國已被全面敵視、日本與韓國左右為難、而臺灣被納入高科技戰略圈

第四節　拉美、東亞與歐洲的回應與分化

的情境下,整個區域呈現出明顯的分化態勢:

1. 中國的強勢反彈與內循環升級

面對60%關稅預告,北京公開批評川普為「全球經濟最大的破壞者」,並祭出一系列反制措施,包括:

中國對美國關稅的反制措施

- 暫停出口稀土元素:中國已停止向美國出口七種重稀土元素,包括鈥、鏑、鈧等,這些元素對於美國的國防、電動車和高科技產業至關重要。
- 限制美國企業在華活動:中國將包括 Shield AI 和 Sierra Nevada 在內的六家美國公司列入「不可靠實體清單」,禁止其在中國的貿易和投資活動。
- 對美國商品加徵關稅:中國將對美國商品的關稅提高至 125%,涵蓋農產品、飛機零件和藥品等,作為對美國關稅措施的回應。

中國內部政策轉向「高自主性經濟模式」

- 擴大對國產科技產品的補貼:中國政府擴大對智慧型手機、平板電腦和智慧型手錶等消費電子產品的補貼,旨在促進內需並支持本土科技產業。
- 加強半導體產業投資:中國持續推進「中國製造2025」

計畫,目標到 2025 年實現 70％ 的半導體自給率,儘管面臨美國的技術限制和制裁。

中國在面對美國高關稅壓力下,採取了多方面的反制措施,同時加強內部經濟自主性,這些行動象徵著中國在全球供應鏈中尋求更大自主權和策略空間。

2. 日本與韓國的策略模糊

作為美國安保體系成員,日韓對川普政策表示支持,卻又擔心受到池魚之殃。特別是汽車與電池產業,大量在中國設有產線、又高度依賴美國市場。為自保,兩國啟動以下兩步:

日本:擴大本土產線,強化半導體與汽車零件本地化

日本政府積極推動半導體產業的本土化,特別是在熊本地區。2024 年 12 月,台積電(TSMC)在熊本的第一座晶圓廠開始量產,主要生產 12/16 奈米與 22/28 奈米製程的晶片,應用於影像感測器與汽車電子等領域。該廠由台積電與日本企業 Sony、Denso、豐田合資成立的日本先進半導體製造公司(JASM)營運。日本政府對此提供了超過 1 兆日圓(約合 63 億美元)的補助,顯示出對半導體產業的高度重視。此外,第二座晶圓廠也已於 2025 年初動工,預計 2027 年完工,進一步提升本土晶片生產能力。

第四節　拉美、東亞與歐洲的回應與分化

在汽車零件方面，日本企業也加大了本地投資。例如：Ryobi 公司在靜岡縣建設了一座投資 50 億日圓（約合 3,350 萬美元）的工廠，專門生產電動車車身零件和電池外殼，採用由特斯拉首創的 Gigacasting 技術，提升生產效率。

韓國：推動「K- 電池戰略」，爭取美國稅務豁免

韓國政府積極推動「K- 電池戰略」，以強化電池產業的全球競爭力。面對美國《降低通膨法案》(IRA) 對電動車電池供應鏈的限制，韓國政府與美方協商，成功爭取到將含有中國石墨的電動車電池納入美國稅收抵免資格的期限延長至 2026 年，為韓國企業爭取了調整供應鏈的時間。

此外，韓國政府宣布提供 9.7 兆韓元（約合 71 億美元）的金融支援，協助電動車電池企業在北美地區投資設廠，並提供貸款、保險優惠等措施，以降低對中國原材料的依賴，符合美國的供應鏈要求。

這種操作展現了「制度附庸但市場多元」的生存技巧：表面依附，內部分散。

3. 東南亞的機會主義操作

泰國、越南、馬來西亞則趁機大幅吸納中國與美國之間的製造轉單，成為「政治避風港」。2025 年第一季，越南出口至美國成長 18%，其中電子與紡織品占比飆升。這些國家以「非對抗、強適應」的姿態，在新冷戰下獲得中間地帶戰略利基。

第十一章　川普現象 2.0：政治貿易主義的重返

歐洲：制度矛盾與集體焦慮的張力場

川普對歐洲採取「選擇性分化」政策，一方面要求北約成員增加軍費、配合對俄封鎖，另一方面則加徵對法國奢侈品、德國汽車與歐洲農產品的關稅，目的在迫使歐洲在中國問題上「再選邊一次」。

歐盟內部對此出現明顯裂縫：

- 德國：儘管美國在 2024 年成為德國最大的出口市場，占總出口的 10.4%，超越中國，但川普政府對歐洲汽車加徵 25% 關稅，對德國汽車產業造成重大衝擊。德國經濟部長哈柏克（Robert Habeck）表示，德國將與歐洲其他國家共同對美國施加壓力，並考慮實施報復性關稅。
- 法國：法國在數位稅和碳邊境調整機制（CBAM）方面採取積極立場，推動對美國科技巨頭徵稅，以回應美方關稅措施。
- 東歐：波蘭和捷克等東歐國家在接受美國軍事援助的同時，也願意與美國簽訂雙邊技術貿易協議，以加強雙邊經濟合作。

歐盟雖嘗試維持統一立場，但在川普貿易壓力下，制度一致性與成員利益出現歷來最嚴重的張力失衡。

第四節　拉美、東亞與歐洲的回應與分化

單邊霸權的回歸，還是秩序終結的預演？

　　川普現象 2.0 下的貿易政策，不只是美國的內政選舉工具，也成為全球區域秩序裂解與重構的催化劑。拉美強化主體、東亞被迫分化、歐洲進退失據，顯示出川普用關稅撬動的不只是產業，而是國際制度的脊梁。

　　未來的貿易戰不再只是數字、出口與進口，而將是一場主權選擇、區域重構與生存空間爭奪的制度競賽。世界不會再像從前那樣依賴 WTO 與 GATT 條文，而是回到一種現實主義的賽局場。誰掌握壓力點，誰就能重寫規則。

第十一章　川普現象 2.0：政治貿易主義的重返

第五節　臺灣在中美再冷戰格局中的區域定位重構

在巨獸對決之間：
不選邊，是更高階的戰略選擇

川普第二任期重啟貿易戰邏輯，將關稅、技術限制、出口管制與經濟聯盟操作成一套「制度性貿易圍堵體系」。中國則升級其「科技民族主義」與「內循環戰略」，強化本地製造與資安管控。中美雙方的競爭不再只是技術與市場的角力，更演變為一場以價值觀、供應鏈控制權與政治忠誠為底層變數的區域重塑工程。

臺灣作為亞洲科技核心、地緣熱點與民主政體，面對這一波中美再冷戰浪潮，不可能置身事外。但臺灣也不能選擇傳統的「依附一邊」思維。面對貿易封鎖、供應鏈重編與戰略圍堵，臺灣的挑戰不僅是被迫表態，而是如何在不對稱壓力下重構自身的區域定位與制度能動性。

第五節　臺灣在中美再冷戰格局中的區域定位重構

傳統三角關係的解構與臺灣空間的壓縮

過去臺灣能在中美對峙中維持相對穩定的局勢，是因為存在一套「模糊戰略＋全球供應鏈黏性」的平衡結構。這包括：

- 美國對臺戰略模糊：在安全上提供支持，但未明言建交。
- 中國對臺經濟紅利：透過農產品、觀光與代工市場影響臺灣中小企業生存空間。
- 臺灣的全球化嵌入：扮演晶片製造中心與出口導向經濟體，得以「政治疏離但經濟交融」。

但這套結構已在 2024～2025 年出現變化：

- 美國要求「供應鏈政治表態」：以《晶片與科學法》、IRA 補助與軍事科技協議為條件，要求臺灣企業在「對中合作」方面更加透明並限縮。
- 中國轉向「政治交易停擺」：暫停 ECFA 早收清單、加強對臺出口限制，要求臺灣企業與地方政府不得簽署任何具「準外交」意味之合作備忘。
- 全球供應鏈去風險趨勢：企業為符合美歐政策，不得不將關鍵製程與資安標準切割臺灣與中國廠區，造成成本上升與市場分流壓力。

第十一章　川普現象 2.0：政治貿易主義的重返

換言之，臺灣被迫進入一個模糊空間被壓縮、角色被切割、合作空間被制度化限縮的區域新局。

戰略重構第一步：
從「科技地位」走向「制度角色」

面對國際制度秩序重構，臺灣不能只靠技術優勢生存，必須打造能與盟邦對接的制度價值鏈地位。這包括：

- 參與數位規則制定：積極爭取加入「數位貿易協議」（如 IPEF、DEPA），推動資料跨境、平臺治理、演算法透明的共通標準。
- 建立戰略產業信任框架：針對晶片、電池、生技三大關鍵產業，制定安全審查、營運透明、資本結構揭露與資安自主性規範。
- 強化民主韌性輸出力：協助友邦在選舉安全、資通訊防護、資訊查證等領域建立機制，從「科技輸出」升級為「制度賦能夥伴」。

這樣的轉型不是形式而已，而是要讓臺灣在中美對抗中，擁有除了「地理價值」以外的「制度價值」與「政治信任」資本。

第五節　臺灣在中美再冷戰格局中的區域定位重構

區域戰略上的三層次自主建構

若要真正提升區域定位,臺灣需從三個層次同時建構主體性:

1. 經濟戰略自主

- 推動高風險市場替代方案:例如以東南亞、中東與印度為出口與投資新焦點。
- 建立產業供應鏈備援系統:強化與日、美、歐的雙邊製造合作計畫,分擔政治風險。
- 落實「自主品牌外交」:臺灣企業透過品牌與數位服務直接與全球終端市場連結,減少對中轉出口與品牌隱形參與。

2. 政治話語自主

- 強化與東亞民主體之間的政策聯盟,如南韓、日本、新加坡,共同發表區域制度聲明與供應鏈公約。
- 與 G7 成員合作舉辦「民主科技治理論壇」,建立臺灣在 AI 倫理、資安、資訊透明領域的話語地位。
- 善用數位外交工具(如全球衛星平臺、遠距疫苗管理系統)作為國際軟實力推進槓桿。

3. 軍事與資安制度準備

- 對接印太安全架構,建立「經濟安全即國防」的前線角色定位。
- 建立平戰轉換制度,確保資訊基礎建設、物流與工業生產具備 24 小時轉換能力。
- 建置資安戰備中心,整合民間雲端服務、資通訊業者、政府 IT 防禦體系,共同抵禦跨國資訊戰與演算法操縱。

角色不再由地理決定,而由制度與選擇構成

川普貿易主義的回歸,讓國際經濟不再是平面邏輯,而是權力分層的立體結構。臺灣若想不被壓縮,不能只倚賴地理優勢或單一產業,而必須成為制度合作者、信任供應者與價值體系的節點建構者。

唯有當我們在全球政治經濟體系中能說話、能給方案、能做備援,才能真正擁有屬於自己的區域定位與國際空間。否則,我們終將在巨獸衝突間,被迫選邊,卻兩面受制。

第十二章

貿易戰的未來：
混合戰爭與經濟安全治理

第十二章　貿易戰的未來：混合戰爭與經濟安全治理

第一節
混合戰爭時代的經濟武器升級

當貿易不再只是貿易，戰爭也不再只是軍事

傳統戰爭的界線越來越模糊，現代衝突不再僅靠坦克與飛彈展開，而是以數位平臺、金融系統、供應鏈節點與法律條文為工具，構成一種「看不見硝煙、無需宣戰」的新戰爭型態——混合戰爭（Hybrid Warfare）。

這種戰爭的關鍵，在於以非軍事手段達到軍事效果、以經濟工具形成政治壓力。而貿易，正是混合戰爭中最具有長期破壞力與制度殺傷力的工具之一。

從俄烏戰爭中歐洲能源被切斷的教訓、到美中對半導體的全面禁運競爭，全球開始意識到：經濟體系本身，已是戰爭場域。

經濟武器的四大升級型態

混合戰爭的經濟面不僅是制裁，而是一套完整的治理體系武器化過程。這些手段從策略、制度、技術到心理戰一應俱全，可分為以下四類：

> 第一節　混合戰爭時代的經濟武器升級

1. 供應鏈截斷與「節點狙擊戰」

關鍵物資如晶片、電池材料、疫苗原料，逐漸成為國際對抗的首選目標。2023 年起，美國對中國晶片、AI 運算晶片與先進製程設備的出口管制，就是典型的供應鏈狙擊戰。

中國則以「稀土出口許可」與「電池關鍵材料價格聯合控制」作為反制，將特定資源轉為戰略籌碼，讓敵對國家在民生、生產或軍事裝備上陷入掣肘。

這種武器不炸毀橋梁，但卻能癱瘓生產；不殺人，但能讓工廠停擺、國家陷入內部通膨與失業焦慮。

2. 金融與支付系統的「網路斷電術」

Swift、Visa、Mastercard 等支付系統，曾被認為是中立的國際基礎建設，現在則成為精準斷電的數位戰場。俄羅斯遭逐出 Swift 系統後，其國際貿易瞬間萎縮逾 50％，外資逃離、盧布貶值、通貨膨脹劇烈。

同時，美國財政部與聯準會聯手制定「美元交易監控擴大條例」，可對任何國家的金融機構實施二級制裁，甚至凍結資產。這種「金融地雷」的威力，在全球一體化資本市場下遠勝於坦克師。

3. 科技管制與制度圍堵網絡

美國與盟國已組成多層次「科技圍堵同盟」，以《晶片與科學法》與《2019 年保護美國人免受外國對手控制的應用程

第十二章　貿易戰的未來：混合戰爭與經濟安全治理

式侵害法案》為法律依據，建立「科技武器化規範」：

◆ 限制 AI 技術外流；
◆ 控制量子運算關鍵元件出口；
◆ 要求在美國有供應關係的廠商不得同時對中提供先進服務。

中國則以「不可靠實體清單」與「數據出境審查制度」反制，使得平臺商、雲端服務供應商、科研機構陷入雙重法規風險。

這些制度型武器雖隱性，卻可在貿易合約、投資程序與專利註冊階段便瓦解整個供應鏈信任基礎。

4. 認知與輿論的經濟心理戰

透過輿論操作、假消息擴散與社群平臺演算法，讓企業失去市場信任、消費者對特定品牌抵制，甚至使金融市場劇烈波動，這已是俄羅斯、中國與伊朗慣用的「非對稱戰術」。

2024 年選前，美國爆出中國短影音平臺透過演算法下推操作方式，影響用戶對美國通膨與就業的認知，被白宮稱為「數位匯率操控」。

當資訊成為市場信心的定價指標，控制輿論就等於控制投資流向與產業判斷。

第一節　混合戰爭時代的經濟武器升級

混合戰爭的經濟特性：
看不見的戰場、更難防禦

與傳統軍事衝突不同，混合經濟戰爭具備以下特徵：

- ◆ 非對稱出手：攻擊者成本低、效果高，例如只需一紙行政命令或社群操作，就能摧毀企業市值。
- ◆ 否認性高：攻擊來源難以證明，法律上難以追責，往往只能事後補救。
- ◆ 交錯與非同步：經濟與軍事、虛擬與實體、中央與地方可以不同步發動，使得防守方難以辨識主攻方向。
- ◆ 長期滲透效應：不像軍事打擊有「結束」時刻，經濟戰可能持續數年累積傷害，難以量化與清算。

因此，未來的貿易安全，不再是關稅與關卡，而是韌性、防滲透與制度模糊性的治理能力。

臺灣的風險地形圖：三重交火線

臺灣在這場混合經濟戰爭中處於三個風險高地：

產業節點過度集中風險

臺灣半導體產業高度集中於少數製程、廠商與地點，任何一個節點若遭經濟封鎖、資安攻擊或輿論操作，影響層面將擴及全球。

第十二章　貿易戰的未來：混合戰爭與經濟安全治理

出口市場依賴單一政策變數

面對中國市場與美國政策兩邊擠壓，臺灣企業在關稅戰、技術管制與資料出境審查中缺乏明確協商地位，造成企業自律成本暴增。

社會資訊戰場未設防

對於資訊操作、品牌認知操控與假消息經濟干擾，缺乏有系統的國家防禦架構與演算法審計能力，使得企業信任資產極易受損。

經濟安全是國安，不再只是財政議題

當混合戰爭成為未來衝突主體，國家必須將經濟安全升格為國防策略的一部分，不僅從軍事防衛出發，也從資安、供應鏈、資料治理與制度設計入手。

未來的戰爭不一定有飛彈聲，但可能有企業倒閉、物價波動、電力中斷與供應斷鏈的「日常性失序」。而這正是貿易戰未來形貌的真實縮影。

第二節　區塊鏈、數位貨幣與監控新工具的經濟用法

從去中心化到制度植入：
技術如何倒向權力一方？

曾幾何時，「區塊鏈」與「數位貨幣」被視為去中心化的革命旗手，被視為解放個體、解構金融霸權的象徵。比特幣的誕生、以太坊的智能合約、去信任的點對點交易系統，讓無數自由主義者與新科技擁護者相信，權力將從國家、銀行與中介機構手中轉向個人與社群。

但進入 2020 年代，這些技術不但未能解構舊秩序，反而迅速被國家制度吸納、轉化為新的監管架構、稅收工具與數位主權武器。CBDC（中央銀行數位貨幣）、鏈上資本監控系統、合規化穩定幣與供應鏈稽核區塊鏈，正在形成一套嶄新的「科技化治理體系」—— 不再中立、不再匿名、不再反抗國家，而是服務於國家治理與地緣競爭的新型武器庫。

這一節，將全面解析：技術如何轉化為權力工具，並重新定義全球貿易、資本流動與制度信任？

第十二章　貿易戰的未來：混合戰爭與經濟安全治理

中央銀行數位貨幣（CBDC）：
從支付革命到國家級金融武器

CBDC 是最具代表性的監控型數位工具，也是目前全球大國在金融科技布局中的核心項目。根據國際清算銀行（BIS）2024 年報告，全球已有超過 130 個國家推動 CBDC 計畫，其中以中國、歐洲央行與美國的試驗進度最為關鍵。

1. 中國 e-CNY 的治理工具化實驗

中國的 e-CNY（數位人民幣）是目前最成熟的 CBDC 案例，特徵包括：

◆ 可編程貨幣設計：可設定使用期限、使用地點與使用目的，如「僅限農村疫苗補助、三天內使用完畢」；

◆ 實時資本流追蹤：所有交易由中央系統登記與備份，消費行為、支付對象與位置皆可被交叉驗證；

◆ 與社會信用系統結合：個人或企業如列入高風險黑名單，系統自動限制其數位錢包功能。

這不是單純的貨幣數位化，而是一個全方位嵌入式治理平臺，透過貨幣掌握交易、透過交易掌握行為，最終讓貨幣成為制度管控的延伸介面。

第二節　區塊鏈、數位貨幣與監控新工具的經濟用法

2. 美國與歐盟的「可稽核式自由化」CBDC 路線

相較於中國的強監控模式，美歐走的是「合規驅動、稽核優先」路線，重點在於：

- 反洗錢（AML）與顧客辨識（KYC）嵌入設計；
- 鏈上交易可追溯但去身分化：保留監管稽核機制，但不實名揭露；
- 跨境結算平臺整合（如 mBridge、Project Dunbar）：允許 CBDC 跨境使用，取代 SWIFT 與傳統銀行通匯體系。

這類「金融數位制度化」路線讓國家能在保有市場自由名義下，逐步重建全球支付秩序與資料主權控制力。

區塊鏈：從匿名抗爭工具變成制度稽核平臺

除了貨幣發行外，區塊鏈本身也正從「信任最小化工具」變成「信任驗證機制」，尤其在全球供應鏈、碳足跡、ESG 資料與跨境稅務管理中，發揮關鍵作用。

1. 碳足跡與 ESG 鏈上透明化

歐盟 CBAM 與 CSRD 法案要求所有進口商品揭露碳排、環境與勞動資訊，這讓企業不得不使用鏈上資料系統，以供跨國稽核。區塊鏈在此扮演的角色包括：

第十二章　貿易戰的未來：混合戰爭與經濟安全治理

- 數據來源不可竄改；
- 供應鏈全鏈條資料可追溯；
- 跨司法區資訊交換具中立驗證機制。

這些特性使得區塊鏈成為制度對制度的橋梁，而非市場對市場的去中心化替代品。

2. 國家主導的供應鏈區塊鏈平臺

例如：

- 新加坡推動的 TradeTrust 計畫，與澳洲合作試行區塊鏈技術以簡化跨境貿易流程，並與韓國簽署《韓新數位夥伴協定》(KSDPA)，推動數位貿易合作。
- 歐盟支持的碳透明度夥伴關係 (PACT) 計畫，結合 SAP 和 IBM 的技術，協助企業追蹤和管理供應鏈中的碳排放。
- 日本與臺灣在供應鏈數位化和資料認證方面均有推動相關計畫，旨在提升供應鏈的透明度和效率。

這些系統日益成為國際貿易的「制度底層」，決定誰能透過稽核、誰能取得碳稅豁免、誰能獲得國際採購單位信任。

第二節　區塊鏈、數位貨幣與監控新工具的經濟用法

區塊鏈與數位貨幣的地緣政治雙重化現象

今天的技術工具不再單純功能導向，而是被嵌入制度框架中，成為地緣對抗的隱性分界線。這包括：

- 「人民幣鏈」vs.「美元鏈」：中方推動 e-CNY 與人民幣計價區塊鏈系統，試圖取代 SWIFT 與美系穩定幣；
- 「ESG 區塊鏈」vs.「主權製造鏈」：歐盟強推碳足跡鏈，而中國則建立自身標準，反對「西方綠色霸權」；
- 跨平臺資產信任度之戰：美國審查幣安（Binance）、俄羅斯推進 Ruble 鏈支付，中東採取多邊清算平臺混用策略。

這些戰線不見硝煙，卻比關稅更有殺傷力，因為它們不只是稅收壁壘，而是制度參與資格的劃分。

臺灣的風險與轉機：制度節點的爭取戰

臺灣在這場區塊鏈與數位貨幣轉化為治理工具的全球競爭中，面臨以下三種壓力：

- 缺乏完整數位貨幣政策與實驗平臺；
- 本地供應鏈 ESG 資料不符歐盟報告架構，導致出口稅務風險升高；
- 跨境稅務、支付、資料通報體系欠缺中立可信賴節點角色。

第十二章　貿易戰的未來：混合戰爭與經濟安全治理

但臺灣也具備關鍵優勢：

- 高度成熟的資訊安全產業；
- 經濟部標準局與資策會等制度設計與技術整合能力；
- 在醫療、晶片與電子供應鏈中具備大量資料治理與追蹤應用場景。

若能善用這些基礎，臺灣可推動：

- 「區塊鏈合規沙盒實驗平臺」：供中小企業模擬 CBAM、CSRD 等制度稽核；
- 「可信賴原產地資料聯盟」：與日、韓、越建立可驗證出口資料交換系統；
- 「數位新臺幣 CBDC 跨境試點」：結合電商支付與供應鏈金融，提高國際結算自主性。

未來的邊界，不是地圖上畫出來的，而是資料庫裡判定的

在這個資訊可控、貨幣可編程、規則可驗證的時代，國家之間的差距，不再只是 GDP 與軍力，而是制度輸出力與技術治理能力的總合。

第二節　區塊鏈、數位貨幣與監控新工具的經濟用法

　　區塊鏈與數位貨幣正快速由工具轉為平臺，由平臺轉為架構，由架構轉為主權的一部分。誰能設計、誰能對接、誰能驗證，誰就能主導下一輪貿易秩序與制度信任鏈。

　　臺灣不能只是技術使用者，而必須成為制度設計者、可信標準提供者與全球資料治理的參與者。唯有如此，在無硝煙的經濟戰場中，我們才能不被隔絕、不被取代、不被犧牲。

第十二章　貿易戰的未來：混合戰爭與經濟安全治理

第三節　ESG 與地緣政治的交織：道德與制裁的新面孔

ESG 不再只是企業責任，而是地緣政治的軟性戰場

　　過去 ESG（環境、社會與公司治理）被視為企業永續報告中的「道德訴求」，或是用以吸引投資人的聲譽加分項目。然而自 2020 年代中期起，ESG 標準已不再只是投資指引，而逐步成為國家制裁、產業規避與國際貿易審查的工具。在混合戰爭與新冷戰的交織下，ESG 被「政治化」、「戰略化」，演變為一種以道德為形式、以制度為手段的經濟武器新樣態。

　　川普第二任期的保護主義回潮與歐洲 ESG 標準輸出並行，讓全球企業同時面臨兩種風險：來自右派的貿易邊境關稅與左派的道德治理審查。這使得 ESG 不只是道德選擇，更成為企業存活與國家競爭力再配置的核心變項。

第三節　ESG 與地緣政治的交織：道德與制裁的新面孔

ESG 如何被「制度化」成為貿易工具？

1. 歐盟：ESG 變身為「規則性制裁機制」

歐盟率先將 ESG 標準透過一系列法案制度化，包括：

- CBAM（碳邊境調整機制）：對進口高碳排產品（如鋼鐵、水泥、鋁）課徵碳關稅，實際形成對開發中國家的技術與制度性壁壘。
- CSRD（企業永續報告指令）：要求在歐盟營運的公司揭露供應鏈全鏈條 ESG 資料，否則將被視為高風險企業、影響投資與融資資格。
- 禁止強迫勞動商品法案：禁止與涉及童工、強迫勞動相關的供應商往來，強制性超越國內法準則。

這些制度雖以永續為名，但實質上形構了一個「價值觀貿易區」，讓歐盟得以合法拒絕來自中國、東南亞與中東的產品，同時強化內部供應鏈自足與再分配邏輯。

2. 美國：ESG 作為外交與制裁策略的延伸

儘管川普傾向淡化 ESG 政治化，但美國國務院與財政部卻以 ESG 為新型對外政策工具，包括：

- 將企業 ESG 表現納入對外援助與投資評估準則；

第十二章　貿易戰的未來：混合戰爭與經濟安全治理

- 要求在美上市公司揭露全球範圍供應鏈的「人權風險熱區」；
- 將 ESG 與《全球馬格尼茨基人權問責法》結合，針對新疆、緬甸、伊朗等地之產品實施「人道原則下的經濟限制」。

這代表：ESG 不再是左派政策，而是雙黨共識下的經濟治理手段，已升格為國安與外交政策的一部分。

ESG 與產業鏈重組的隱性結構力

ESG 制度外表中立，實則在重塑全球供應鏈的分布與主控權。其具體作用包括：

- 供應鏈外包成本逆轉：過去為節省成本而外移的生產基地，如今因 ESG 審查風險高、缺乏透明監管而被逐出核心市場，導致企業回流或轉向「友善國家製造」。
- 資料主權與資本管制隱形合流：要求 ESG 資料可驗證、可稽核等條件，使得企業須在特定司法區建構資料儲存與審計中心，形成新型資料主權結構。
- 企業財報邏輯從「利潤」轉為「可接受性」：企業不僅要賺錢，更要「能融資」、「能保險」、「能進市場」，ESG 已成為審查與估值的一級門檻。

第三節　ESG 與地緣政治的交織：道德與制裁的新面孔

例如：2024 年，法國 Eramet 與德國 BASF 宣布取消在印尼 Weda Bay 地區投資 26 億美元的鎳鈷精煉廠計畫。儘管官方理由為「商業考量」，外界普遍認為，該專案因缺乏碳足跡揭露與社區共識機制，無法符合歐洲 ESG 審查要求，是「ESG 驅動型市場排除」的典型案例。此舉震動印尼鎳產業，引發多家國際投資人重新評估該地區風險敞口。

ESG 作為新型意識形態工具：國際地緣操作術

在新冷戰語境中，ESG 也被用來界定「制度陣營」。這可分為三種模式：

1. 價值主權型

美歐以 ESG 區塊建立政治與經濟共識，將其作為判斷「制度友善度」的依據。日本與加拿大則加入「民主製造聯盟」，強化制度價值的一體化規格。

2. 國家防禦型

中國、俄羅斯反對「外部 ESG 干預」，將其視為「綠色霸權」，主張建立「中國標準」，並推動「綠色一帶一路」反制歐美評鑑體系。

3. 策略漂白型

某些開發中國家試圖透過符應 ESG 格式（但實質未改革）方式「取得西方資金信任」，在標準與實踐間形成制度模擬地帶，成為經濟戰下的外交緩衝。

這些現象證明：ESG 正在成為外交表態與制度選邊的間接方式。

臺灣的機會與困境：ESG 是挑戰也是轉機

對於臺灣來說，ESG 所帶來的變局既是挑戰，也是潛在的制度升級契機：

三大困境：

- 臺灣中小企業 ESG 治理能力普遍不足，無法即時回應歐盟 CSRD 或碳揭露規範；
- 缺乏統一標準與產業支援平臺，企業需自行面對多重審核體系；
- 對國際 ESG 律師與審查顧問市場無在地代表性，資源多流向國外。

三大機會：

- 打造區域 ESG 審核中心：提供亞洲企業進入美歐市場的「信任證明」；

第三節　ESG 與地緣政治的交織：道德與制裁的新面孔

- 結合科技實力發展「ESG 鏈上認證平臺」，讓產地、碳足跡、供應資訊可追溯、可驗證；
- 培養國內法遵與 ESG 顧問人才，擴展臺灣為東亞 ESG 合規中心的機會。

當道德變成制度，政治便無所不在

ESG 從企業治理的指標轉變為地緣政治工具，說明未來的經濟競爭不僅比效率，也比「制度可信度」、「價值可接受性」與「資料可揭露性」。

臺灣若要在全球供應鏈與投資市場中保有競爭力，不能只是「成本低」與「效率高」，更必須是信任高、標準明、制度對得上規格的「可信賴製造地」。

ESG，不再只是企業內部的道德選擇，而是國家競爭力與國際空間的核心入場券。

第十二章　貿易戰的未來：混合戰爭與經濟安全治理

第四節　世界貿易秩序的未來是「去全球化」還是「再全球化」？

當全球化不再理所當然

過去 30 年，全球化被視為經濟發展的普遍解方與文明進程的必然趨勢。WTO 的成立、供應鏈的擴張、關稅壁壘的削減與科技自由流動，共同構築了一個以效率最大化為主軸的國際經濟秩序。但自 2008 年金融海嘯起，這個秩序開始出現裂痕；自 2016 年川普當選、英國脫歐以來，全球化更被貼上了「失敗者製造機」、「社會分裂催化器」的標籤。

而到了 2020 年代中期，在地緣政治升溫、供應鏈武器化、資訊主權抬頭與價值對抗擴大的背景下，全球化不再被無條件接受。我們進入一個關鍵反曲點：世界貿易秩序究竟會全面退回保護主義的「去全球化」？還是會在同盟與價值鏈重整中迎來一種新的「再全球化」？

第四節　世界貿易秩序的未來是「去全球化」還是「再全球化」？

去全球化的四大結構動能

「去全球化」不是單純反全球化，而是一種風險認知升高後，基於安全、認同與政治計算的供應鏈再配置邏輯。它包含以下四大驅動：

1. 安全優先的產業回流政策

美國的晶片與科學法案、歐盟的關鍵原料法案與日本的供應鏈再造補貼，皆顯示國家不再信任全球市場能提供穩定性，因此選擇將部分高風險、高戰略價值產業回歸本土或轉移至盟友國家。

2. 價值觀主導的貿易排他機制

ESG、人權、資安、碳排等非經濟因素成為新的「技術壁壘」。這使得來自特定國家或制度體系的商品難以透過標準進入市場，形成制度型分割的價值鏈結構。

3. 消費者民族主義抬頭

不只是政策，民眾也在用消費行為選邊站。中國抵制日韓產品、歐洲擔憂中國電車進口、印度封鎖中國 App，皆屬情緒性經濟行為制度化的結果，也讓品牌選擇不得不考量政治風險。

第十二章　貿易戰的未來：混合戰爭與經濟安全治理

4. 數位與資料主權的新疆界

資料儲存位置、AI 模型訓練資料來源、演算法透明度與跨境資料流，都成為國家控制經濟與社會的關鍵。資訊自由已被重新定義為資料安全，這種轉變本質上切斷了全球科技共享的底層邏輯。

再全球化的回潮力量：重組而非逆行

儘管去全球化趨勢明顯，但亦有大量證據顯示世界仍在「重新全球化（Re-globalization）」。這不是回到舊的世界工廠體系，而是一種價值鏈、技術平臺與政治同盟基礎上的「選擇性互聯」。

1. 「近岸外包」(Nearshoring)與「友岸外包」(Friendshoring)

跨國企業將產線從中國轉移到墨西哥、波蘭、越南、馬來西亞，不是全面回流，而是轉向政治風險較低、制度兼容性高的地區。這讓供應鏈呈現出區域分散、中心化再組的特徵。

2. 多邊新協定的網狀化發展

RCEP、CPTPP、IPEF、US-EU TTC 等新型區域協議逐漸形成「小多邊主義」格局，取代傳統 WTO 式的單一全球架構。這種網狀結盟，反映出國際合作的精準化、價值導向化。

> 第四節　世界貿易秩序的未來是「去全球化」還是「再全球化」？

3. 全球人才與數位平臺的黏著度仍高

儘管實體商品生產區域化，軟體、資料、平臺與服務仍然高度國際化。跨國開發、遠距協作、全球數位勞動市場擴張，顯示知識經濟尚未脫離全球化邏輯，反而更加依賴。

4. 區域化→平臺化→制度整合的新階段

再全球化不是製造與市場的全聯通，而是平臺主導下的規則整合與風險管理共同體建立。例如 AI 標準、供應鏈安全協議、數據治理制度都屬於「全球治理 2.0」型態。

去與再之間：一個碎片化且對抗性的世界

我們正在見證的，不是簡單的「退回」或「前進」，而是一種「碎片式全球化」──以制度、技術與政治認同為單位的聯盟型全球經濟體系。其特徵如下：

- 全球化仍存在，但更像是一組多重宇宙：歐盟的綠色經濟宇宙、中國的內循環宇宙、美國的安全貿易宇宙。
- 企業不再追求絕對效率，而是在效率、風險與制度合規之間進行平衡配置。
- 國家不再是市場規則的守門人，而是合作平臺的策劃者與裁判。

這是一個更現實、更政治化也更不對稱的新貿易世界。

第十二章　貿易戰的未來：混合戰爭與經濟安全治理

臺灣的戰略選擇：加入新全球化的設計者行列

對臺灣而言，這場去／再全球化交錯的變革不應是被動接受，而是尋找「地位提升點」的制度契機。可行策略包括：

- ◆ 推動「可信任中立製造體」品牌建構，在供應鏈去中國化趨勢下，以制度合規、資安可信、治理透明獲取新型客戶信任。
- ◆ 主動參與「再全球化平臺協議」，如 CPTPP、IPEF、AI 治理協議，爭取制定標準的參與席次。
- ◆ 建立國家級供應鏈透明系統，成為歐盟與美國 ESG、碳揭露、勞動人權審核的「信任節點」。
- ◆ 以「高科技＋高治理」輸出雙軌模式，協助其他開發中國家或中型經濟體建構數位治理與供應鏈升級能力，擴張制度外溢力。

貿易秩序的未來，不在於全球與否，而在於誰能制定新的秩序規則

全球化不會消失，但它將變得不再平等、不再單一、不再中立。去全球化的不是邊界本身，而是對秩序穩定性的信仰；再全球化的不是回到過去，而是用新的技術、價值與治理重建信任。

> 第四節　世界貿易秩序的未來是「去全球化」還是「再全球化」？

　　未來的世界貿易秩序，屬於那些勇於設計、能夠對接並擁有制度吸引力的參與者。臺灣必須從「被選擇者」轉為「規則共同創造者」，才不會在重組的世界中失去方位。

第十二章　貿易戰的未來：混合戰爭與經濟安全治理

第五節　臺灣的下一步：新中立經濟體的可能藍圖

世界秩序再編下的小國選擇題

在這個「去全球化與再全球化交錯」、「貿易武器化常態化」、「制度分裂成為新秩序起點」的世界裡，臺灣面臨的不只是貿易壓力，而是一場關乎國家定位、制度選擇與產業轉型的多重賽局。地理位置讓臺灣天然處於衝突邊緣，而科技實力與民主制度則讓臺灣成為全球供應鏈中難以取代的節點。

然而，若臺灣不在制度設計與價值治理上占得一席之地，僅憑技術優勢將難以長期自保，更難以自主發展。因此，本節所提出的「新中立經濟體」概念，並非歷史上的中立國複製，而是一種融合實力、制度、科技與信任的新形態定位提案。

何謂「新中立經濟體」？

新中立經濟體（Neo-Neutral Economic State）並不代表政治立場的模糊，而是一種清楚定位自身為全球價值鏈中：

> 第五節　臺灣的下一步：新中立經濟體的可能藍圖

- 技術可信任者（Trusted Innovator）；
- 制度兼容者（Norm-Compatible Player）；
- 危機替代者（Redundancy Provider）；
- 資料與價值仲介者（Information Intermediary）。

其目標並非避免選邊，而是讓自身「不被任何一邊排斥，同時成為各方所需」。在全球分裂態勢下，這樣的角色極其稀缺，也極具戰略價值。

新中立經濟體的四大支柱

1. 制度中立：建立跨邊界信任的「可稽核規則平臺」

- 建立國際型開源供應鏈揭露平臺，支援歐美 ESG 標準與亞太自訂規範，臺灣扮演轉譯者角色；
- 將臺灣法制數位化、資料揭露標準化，讓投資者、採購商、稽核員都能以同一語言解讀風險與透明度；
- 成立「制度認證聯盟」與歐日韓共建制度相容框架，強化跨司法體供應鏈穩定。

2. 科技中立：高技術輸出不帶政治附加條件

- 發展「無地緣附加值技術產品」，如產地中立晶片設計、符合各方資料主權的 AI 雲端系統；

第十二章　貿易戰的未來：混合戰爭與經濟安全治理

- 與中立國如瑞士、新加坡合作建立「可信賴技術倉儲中心」，確保緊急時期各國皆可取用；
- 推動臺灣企業採行「去政治標示供應鏈政策」，不以國族、認同為標籤，提升全球接納程度。

3. 安全中立：非軍事化供應鏈備援國

- 成為全球高風險供應鏈的「資料與製造備援國」：備份晶圓代工、關鍵原料、半導體封裝；
- 在國際危機期間，提供中立維持運轉支持（Business Continuity Support），如疫情期間的醫療物資調度；
- 建構屬於臺灣的「國際供應鏈安全貢獻指數」，以數據方式換取國際制度角色。

4. 外交中立：規則倡議者而非權力代理人

- 不加入任一方陣營式制度（如美中科技制裁聯盟），而提出通用型制度倡議，如區塊鏈資安憲章、AI 資料倫理規則；
- 成立「臺灣制度對話中心」，邀請友邦進行非軍事經濟制度對話，推動區域規則整合；
- 成為國際貿易紛爭中立調停節點，結合臺灣在法治、仲裁與數位治理上的信譽。

> 第五節　臺灣的下一步：新中立經濟體的可能藍圖

臺灣如何走向新中立經濟體：可行策略

1. 從科技外交到制度外交

- 每一個晶片，不只是科技產品，而應附帶「資料合規聲明」、「環境影響報告」、「社會責任附注」；
- 由科技部、數位發展部與經濟部共同推動「制度輸出型科技政策」，結合研發與國際規格參與。

2. 制度即資產：將可信賴標準轉化為經濟優勢

- 建立「國家級合規雲端」供中小企業串接國際稽核機制；
- 發展 ESG 顧問與資料稽核服務出口，成為區域制度支援中心。

3. 危機即轉機：主動提出中立備援角色

- 與印太國家簽署「災時供應鏈替代協議」，模擬臺灣作為他國製造中斷時的彈性替代者；
- 結合台積電、鴻海與醫療、生技領域大廠設立「備援型製造走廊」，強化國際彈性。

第十二章　貿易戰的未來：混合戰爭與經濟安全治理

在強權之間活下來，必須有自己的設計圖

未來世界不會是非黑即白、完全對抗或完全共存，而是一個多層級、多模組、多制度並存的複合型系統。在這樣的結構中，臺灣不能只當供應商、代工者或標準跟隨者，而必須成為制度設計者、科技可信提供者與經濟信任的節點建構者。

新中立不是不選邊，而是掌握規則設計力與制度吸引力，讓臺灣不被推著走，而能自己決定要與誰合作、在什麼條件下合作，並成為不可排除、不可封鎖、不可替代的全球節點。

第十三章

關稅戰的代價與制度重構

第十三章　關稅戰的代價與制度重構

第一節　從保護到崩潰：美國大蕭條的關稅陷阱

保護主義的浪漫幻覺

1929 年，美國股市崩盤引發大蕭條，但真正讓全球經濟體系全面瓦解的，不是當初的金融崩潰本身，而是之後各國爭相採取的關稅報復政策。當時，美國國會在 1930 年通過史上最著名的關稅法案——《斯姆特－霍利關稅法案》（Smoot-Hawley Tariff Act），對超過 2 萬項進口商品加徵關稅，以試圖「保護美國工人、重振美國製造」。這樣的語言，與近百年後川普所說的「讓美國再次偉大」，幾乎如出一轍。

然而，這項政策在實務上造成的，是全球貿易量在短短兩年內暴跌超過 65%。加拿大、法國、德國、日本相繼實施報復性關稅，世界貿易從一條全球供應鏈的血管網絡，瞬間變成彼此圍堵、資源封鎖的「經濟壕溝」。

這場災難不僅造成美國內部失業率飆升至 25%，更讓整個西方資本主義陷入信任危機。許多歷史學者指出，若非關稅政策造成了全球貿易孤島化，希特勒、墨索里尼、東歐

> 第一節　從保護到崩潰：美國大蕭條的關稅陷阱

法西斯政權恐怕不會在 1930 年代中期迅速崛起，改寫世界秩序。

制度崩潰與社會信任的斷鏈

經濟學者道格拉斯·諾斯（Douglass North）曾指出：「制度是人類互動的規則，信任則是制度運作的潤滑劑。」關稅政策表面上是經濟工具，實質上卻是一種制度對抗的語言。當每個國家都以高牆自保時，制度就不再是合作的橋梁，而變成彼此猜忌的藉口。

《斯姆特－霍利關稅法案》正是一個制度性反噬的經典案例。它並未達到保護美國勞工的目標，反而讓美國製造在國際市場上被迫退出；同時，因關稅使得原料價格上升，本地製造成本也隨之上漲，導致消費性物價高漲與內需崩盤並行。

這種「關稅自殺性邏輯」後來被多數經濟史學者定義為「制度自毀」（institutional self-destruction）。它告訴我們：當國家以短期內需導向決策為由，破壞國際規則與互信體系時，代價將超越經濟層面，成為國際政治失序的導火線。

今日回看，制度重構的反思警訊

若將 1930 年代的保護主義浪潮與當前的「關稅戰」作比較，會發現一個驚人的歷史相似點：當全球經濟遭遇重大衝

第十三章　關稅戰的代價與制度重構

擊（1929 年為金融崩盤，2020 年代為疫情與地緣風險）、政治民粹主義抬頭（1930 年代為德義日極右崛起，當代則為川普式國族經濟學），制度性的合作退場，關稅便會被重新包裝成「經濟正義」的代名詞。

但制度的傷害總是比經濟的創傷來得長久。從 WTO 仲裁功能的失效、美中貿易協定失序，到各國陸續啟動自有數位關稅、碳邊境調整制度，這些看似合理的制度性保護，其實正在複製 1930 年代「制度破片化」的災難劇本。

臺灣在這種制度碎裂中，若無法建立可被信任的中立通道與標準輸出模式，將可能如 1930 年代的比利時、瑞士一樣，陷入「所有人都不針對你，但也沒人需要你」的國際邊緣化處境。

第二節　廣場協議的制度性毀滅：日本如何在「自願升值」下失去一代

「被說服的勝利者」：廣場協議的妥協起點

1980 年代初期，美國因長期貿易逆差與強勢美元所造成的出口受阻，開始強力施壓主要貿易夥伴——特別是對日本、德國、法國與英國。這時，日本已躍升為全球第二大經濟體，其汽車與電子產品在美國市占率迅速上升，引發美國本土製造業與國會壓力。

在 1985 年 9 月的廣場飯店，美、日、德、法、英五國財長與央行總裁簽署了史上著名的《廣場協議》(Plaza Accord)，內容看似簡單：「協調讓美元貶值以改善美國貿易赤字」。然而，協議背後的真實效應，是日本被「制度性地說服」升值自家貨幣。

自協議簽署後短短兩年內，日圓對美元升值逾 50%，從 1 美元兌 240 日圓飆升至 120 日圓。乍看之下，日本似乎配合了國際責任，也換得了美日同盟的政治和諧。但從經濟角度而言，這是一場制度性的自殘。

第十三章　關稅戰的代價與制度重構

升值的泡沫：失控的資產與扭曲的市場

日圓快速升值造成日本出口競爭力瞬間滑落，為了避免出口業崩盤，日本政府選擇大幅降息與寬鬆政策，試圖以內需與投資彌補出口損失。這直接催化了 1987 年開始的土地與股市泡沫，日本銀行系統湧入大量資金，房地產價格在五年間飆升四倍，東京銀座一坪地價一度超過紐約曼哈頓整棟建築。

然而泡沫總會破裂。1990 年，日本央行為抑制過熱，開始升息與緊縮政策，泡沫瞬間破滅。股市崩跌、地價暴跌、銀行壞帳爆發，甚至出現「地上權泡沫化」導致的地產證券違約潮，最終演變成金融風暴與長達二十年的通縮時代。

這段歷史被日本學者稱為「制度性順從下的經濟虛無」。與 1930 年代美國主導的關稅戰相反，廣場協議是一場以「制度讓步」為核心的貨幣戰爭，其殺傷力不在即刻，而在長期削弱國家制度韌性，使得一個原本強勢的國家經濟體系，陷入結構性無法回復的失落。

「失落的二十年」：制度錯配的教訓

日本失落的二十年（後延長為「三十年」）不僅是經濟衰退，更是制度信任的崩壞。銀行不敢借貸、企業不敢投資、家庭不敢消費，形成了一個「三不時代」。這背後的原因，不

第二節　廣場協議的制度性毀滅：日本如何在「自願升值」下失去一代

只是資產泡沫破裂，而是廣場協議開啟的「制度錯配」：

- ◆ 國際制度錯配：日本以為配合美國政策可換得國際地位，卻無力主導後續貨幣架構。
- ◆ 內部政策錯配：政府未及時結構轉型，只靠貨幣寬鬆應對出口損失。
- ◆ 企業策略錯配：過度依賴日圓貶值紅利，缺乏全球化分散布局。

直到今天，日本仍在試圖解開這場制度性陷阱的枷鎖。2012 年安倍晉三提出「安倍經濟學」，主張貨幣寬鬆、財政擴張與結構改革，但外界普遍認為，它只是另一輪「制度暫借」，而非真正脫離錯配邏輯的重建。

臺灣的對照鏡：如何面對制度性的「美意風險」

對臺灣而言，廣場協議的最大教訓是：即便面對友好國家的善意建議，也必須謹慎思考制度主體性。臺灣在 RCEP 被排除、CPTPP 加入遲緩的情況下，應該積極在供應鏈重組中主導制度輸出，而非僅是配合升值、降稅或調整貿易結構的「善意回應者」。

我們必須問自己：當全球重新洗牌制度與標準時，我們是輸出者，還是被說服的接受者？

第十三章　關稅戰的代價與制度重構

第三節　全球關稅戰的再起與制度碎裂現象

從 WTO 到雙邊戰：規則退場與權力重寫

自 2018 年起，川普政府正式對中國輸美產品加徵高額關稅，開啟新一輪美中貿易戰。這場戰爭名義上針對「不公平貿易行為」，但實質上是挑戰 WTO 體系下長期建立的多邊貿易架構。

WTO 的爭端解決機制在此期間幾乎停擺。美國拒絕任命新法官，使該機構形同虛設。取而代之的是雙邊協議模式，例如美墨加協議（USMCA）、美日貿易協定、美臺「21 世紀貿易倡議」，這些協議雖具效率，但缺乏普遍適用原則，導致貿易規則不再一致。

這種「制度退場」現象，意味著全球經濟關係已進入「協議即戰場」的階段，每一份協議都代表一種權力施加與制度重塑的過程。

第三節　全球關稅戰的再起與制度碎裂現象

關稅戰的雙面刃：經濟與制度的同步傷害

以美中貿易戰為例，美國對中國 2,500 億美元進口品徵收關稅後，中國隨即以報復性關稅回應，美國農產品、科技零件、能源產品受重擊。根據美國商務部 2020 年資料，美國製造業就業成長在該年中止，供應鏈轉移至墨西哥、越南與臺灣等地，但並未真正「回流美國」。

更嚴重的是，企業對制度的不確定感大幅提高。投資延遲、供應鏈備援與多點佈局雖在短期內看似靈活，長期卻造成成本上升與效率下降。世界銀行 2022 年報告指出，全球企業在貿易政策不穩下，平均庫存週轉期從 2017 年的 47 天增加到 2021 年的 71 天，顯示對制度風險的防禦性經營心態。

從這裡我們看見，關稅戰不只是「價格戰」，而是制度信任戰。一旦國與國之間不再以 WTO 等平臺協商，而是透過關稅直接行使懲罰機制，則制度的中立性、預期性與公平性將無以為繼。

臺灣處境：在大國制度戰之間求生

對臺灣而言，這場制度碎裂具有雙重意義。一方面，美中關係惡化促成臺灣在半導體、資訊製造上的關鍵地位提升，成為供應鏈重組的核心節點。另一方面，臺灣並非 WTO 制度重建的主要參與者，也未能進入大型貿易協定如

第十三章　關稅戰的代價與制度重構

RCEP、CPTPP，制度邊緣化風險日增。

此外，臺灣雖簽訂數項雙邊經濟合作協議（例如與美國簽署的「21 世紀貿易倡議」階段性協議），但其效力與法源基礎仍難與正式多邊協定相比。若未能進一步以制度化策略輸出影響力，臺灣恐將陷入「制度他控」的境地。

企業觀察：從政策依賴到制度設計參與

2022 年，臺灣的電子製造龍頭群創光電開始參與印度與東協新興市場政策設計對話，不只是配合政策，而是協助制定智慧財產保護標準與進出口流程。這樣的策略代表臺灣企業開始意識到：制度不是天降，而是可以共同塑造的。

我們可以學習南韓在 CPTPP、IPEF（印太經濟架構）中積極主動的角色，爭取在數位稅收、供應鏈透明化等新興議題上輸出制度價值。唯有如此，臺灣才能不只是「被選擇者」，而是制度型戰略玩家。

第四節　關稅與匯率的雙重衝擊：比較 1929 與 1985 對全球制度的影響

不同工具，相似的後果

　　1929 年的《斯姆特－霍利關稅法案》與 1985 年的《廣場協議》表面上屬於不同類型的政策工具，一個是關稅壁壘、一個是匯率協調。但這兩者背後反映的，是同一類制度性邏輯：當一個強權面對自身經濟困境，便傾向以外部手段調整全球經濟秩序，期望透過制度性的力量扭轉失衡。

　　然而，歷史證明，這樣的「制度自利主義」不僅未能解決問題，反而造成更深層次的全球性後果。

比較項目	1929 關稅戰	1985 廣場協議
政策形式	加徵關稅（斯姆特－霍利法案）	匯率協議（促使美元貶值、日圓升值）
發動國	美國	美國主導 G5
被影響國	全球主要出口國	日本（主要），亦波及德法英
目的	保護本土就業與工業	降低美國貿易逆差、緩解美元強勢

第十三章　關稅戰的代價與制度重構

比較項目	1929 關稅戰	1985 廣場協議
結果	全球貿易崩潰、經濟蕭條擴大	日本泡沫經濟形成與崩潰、進入通縮時代
制度後果	多邊合作破裂、WTO前身無效化	國際金融制度重新洗牌、日本失去主導權
地緣政治後果	極端政權崛起、戰爭前夕形成	亞洲強權重新洗牌、中美經濟矛盾加劇

美國的雙重教訓：制度優勢的耗損與再造

從美國的角度來看，1929 年的關稅戰與 1985 年的匯率協議，雖皆以「維護國內經濟穩定」為由，但兩次後果皆重創其全球制度影響力：

1930 年代後，美國雖在二戰中成為最大贏家，卻在關稅戰中失去全球信任基礎，需以《布列敦森林制度》與馬歇爾計畫重建制度威望；

1980 年代後，美國雖迫使日圓升值，短期內貿易赤字稍減，卻導致日本經濟泡沫爆裂、亞洲金融信心崩解，催生後續中國出口替代與臺韓生產轉型，也種下未來中美競爭的根源。

這兩場制度操作的共通問題，在於忽略了制度設計的「全球回彈效應」：一國為自身利益設計規則，若未考量他國回應，將在數年後面對不對等的反彈後果。

第四節　關稅與匯率的雙重衝擊：比較 1929 與 1985 對全球制度的影響

全球的共振效應：制度信任的波動與重建

就全球體系來看，1929 年的關稅大戰與 1985 年的匯率協議，皆導致制度信任出現斷層。前者使得「自由貿易」在二戰前名存實亡，後者則引爆了國際金融秩序的不對稱性：

- 1930 年代：自由貿易神話崩潰，資源民族主義與殖民保護政策興起，為戰爭鋪路；
- 1990 年代：亞洲金融市場結構受到重創，許多國家開始對「美元本位體系」產生制度懷疑，催生歐元誕生與亞洲區域金融合作雛型。

從制度理論的觀點來看，兩次事件皆導致所謂「制度回撤期」(institutional retrenchment)：即既有制度失效後，各國不再主動尋求合作，而是回歸保守、單邊、自主的行為模式，直到下一場全球性危機出現，迫使制度再造。

對照今日：臺灣的制度定位與轉型契機

2020 年代初，臺灣在面對美中關稅衝突時，其角色更趨於制度戰略的邊緣觀察者。然而，透過對 1929 與 1985 事件的歷史比較，臺灣應意識到：

第十三章　關稅戰的代價與制度重構

- 制度輸入非長久之計：無論是採行 WTO 架構還是配合美國的雙邊協定，若無本土制度設計與提案能力，終究只能被動承受國際結構波動；
- 制度主體性決定未來定位：與其專注出口額與關稅稅率，不如積極參與新興制度議題——如數位稅、碳邊境調整、ESG 治理；
- 歷史的失誤提供制度預警：若未吸取 1929 與 1985 的教訓，未來一旦制度風向再變，臺灣恐將難以掌握談判籌碼與價值輸出權。

第五節　制度重構的臨界點：2025年川普關稅戰與歷次貿易戰的比較與未來影響

川普關稅戰的獨特性

2025年4月，美國總統唐納·川普宣布對所有貿易夥伴徵收10%～49%的「對等關稅」，並對中國商品加徵高達145%的懲罰性關稅。此舉引發全球貿易秩序的劇烈震盪，與歷史上的貿易戰相比，具有以下獨特性：

- 政策的即時性與反覆性：川普政府的關稅政策變動迅速，缺乏穩定性，導致企業難以做出長期規劃。
- 制度的破壞性：關稅政策直接挑戰世界貿易組織（WTO）的多邊貿易體系，削弱其權威性。
- 全球經濟的碎片化：各國紛紛採取保護主義措施，導致全球貿易體系的碎片化，增加了貿易的不確定性和複雜性。

第十三章　關稅戰的代價與制度重構

與歷史貿易戰的比較

時間	事件	特點	結果
1930 年	斯姆特－霍利關稅法案	提高關稅以保護本國產業	全球貿易萎縮，經濟大蕭條加劇
1985 年	廣場協議	協調主要貨幣升值貶值	日本經濟泡沫破裂，進入「失落的十年」
2025 年	川普關稅戰	大規模徵收關稅，挑戰多邊貿易體系	全球貿易秩序動盪，制度信任崩解

對未來的影響

川普關稅戰對未來全球經濟與制度可能產生以下影響：

◆ 制度信任的崩解：多邊貿易體系的權威性受損，國際合作困難加劇。
◆ 全球經濟的碎片化：各國轉向區域貿易協定，導致全球貿易體系的碎片化。
◆ 地緣政治的緊張：貿易爭端可能引發更廣泛的地緣政治衝突。

第五節 制度重構的臨界點：2025 年川普關稅戰與歷次貿易戰的比較與未來影響

臺灣的應對策略

面對全球貿易體系的變動，臺灣應採取以下策略：

◆ 積極參與區域貿易協定：如 CPTPP，以確保在區域貿易中的地位。
◆ 強化制度設計能力：在數位貿易、供應鏈安全等新興議題上發揮領導作用。
◆ 多元化市場：減少對單一市場的依賴，分散風險。

第十三章　關稅戰的代價與制度重構

後記
當貿易變成戰爭，
國家該如何設計未來？

我們曾經相信，自由貿易是和平的基礎，是世界走向文明與繁榮的主動脈。從 20 世紀末到 21 世紀初，全球化是所有經濟論述的核心信仰，而多邊貿易協定、供應鏈整合與關稅減讓則是各國共同塑造的現代化象徵。但到了 2020 年代中後期，這一切都被重新定義、解構、乃至武器化。

本書以「貿易戰爭作為無硝煙戰場」為核心視角，試圖從技術、制度、戰略、地緣與心理等多重維度，解釋當前國際秩序的急遽變動與貿易如何成為當代國家權力的主要展演形式。

川普的二次當選，不只是美國選舉事件，更是一場全球價值與經濟模式對撞的加速器。他所代表的，是一種以主權為優先、以貿易為刀刃、以民意為正當性的國家行動模式。而中國、日本、歐盟、拉美、印度、韓國等經濟體的反應，也不再是基於效率或經濟成長模型設計，而是充滿制度選擇與意識形態動員的政治過程。

在這個過程中，臺灣處於結構的斷層與風險的交會點。

後記　當貿易變成戰爭，國家該如何設計未來？

一方面，我們是全球最關鍵的半導體與高階製造節點之一，擁有科技優勢、民主制度與全球信任；但另一方面，我們面對著來自中國的經濟脅迫、來自美國的政治選邊壓力，以及全球去全球化與制度分裂的連鎖效應。

在這種新格局之下，臺灣不能再以「自由貿易受益者」、「全球化制度跟隨者」自居，而必須主動轉型為制度參與者、信任生產者與戰略設計者。這不只是經濟策略的問題，而是國家存續與未來可能性的重新設計。

◎國際秩序的轉折點：三條交錯的貿易戰路徑

從本書的縱深分析可見，全球正同步進行三種層次的貿易戰爭，彼此交錯、互為因果：

傳統貿易壁壘的回歸

關稅、反傾銷、原產地管制再次被各國廣泛採用，但其邏輯不再是產業保護，而是選票策略、談判槓桿與外交壓力操作。例如川普預告性的全面關稅，就是明確的「政策選舉工具」。

新型經濟戰的混合式升級

技術管制、資料治理、供應鏈重組、ESG 標準、數位貨幣與區塊鏈監控成為不宣戰的經濟攻擊武器。它們看似制度規範，實則是風險排除、敵我區分與信任控制的工具。

價值觀全球化的制度輸出對抗

不論是歐盟的 ESG 規範、中國的數位鐵幕、還是美國的經濟民族主義，背後都是制度型選邊要求。世界正進入一個「制度可信度」即經濟通行證的新階段，誰的標準被接受，誰就掌握全球市場的開口權。

這三種力量的合流，正是未來貿易秩序最危險、也最充滿轉機的轉捩點。

◎臺灣的困境與機會：在裂縫中塑造新角色

從地緣角度看，臺灣是中美戰略競逐的前線；從產業角度看，臺灣是全球價值鏈的關鍵連結；從制度角度看，臺灣是亞洲少數具備成熟民主、自由資訊與法治透明的政經體。然而，這些條件能否轉化為「長期安全」與「制度空間」，則取決於我們是否能做到以下三件事：

從技術角色轉向制度參與

不能只靠台積電、鴻海與聯發科撐起國際地位，而必須讓「臺灣標準」、「臺灣治理」成為制度對話的一部分。從 AI 治理、數據主權到 ESG 準則，臺灣需參與規則建構。

從代工思維轉向品牌與規範輸出

「可信賴製造」應結合「可信賴資料」、「可信賴勞動」、「可信賴治理」一起輸出，成為「高附加值制度整合型出口國」，而非只賺製程利潤的隱形參與者。

後記　當貿易變成戰爭，國家該如何設計未來？

從區域被動應對轉向主動外交設計

在 CPTPP、IPEF、DEPA 等架構中，臺灣要積極爭取角色；同時應主動提出「中立經濟體倡議」、「亞太供應鏈透明聯盟」等制度型合作，將風險轉為可信任資源。

◎新世界秩序裡的臺灣方程式：可信任、可驗證、可合作

未來國際貿易秩序的三個關鍵字不再是「低價、高效、快速」，而是：

- 可信任（Trustworthy）：在資訊戰與資安風暴中，誰能提供不被操控、不被誤導的生產與資料來源，誰就贏得市場信賴；
- 可驗證（Auditable）：在制度武器化與 ESG 治理下，誰的供應鏈、碳排放、勞動紀錄、治理透明度可供第三方核實，誰就能進入高端市場；
- 可合作（Interoperable）：在去全球化又同盟分裂的世界裡，誰能提供制度兼容性與危機下的彈性支援，誰就是下一輪制度架構的設計夥伴。

臺灣具備這三項潛力，只要我們能放棄過去「效率＝競爭力」的單一思維，轉向制度價值、策略布局與多邊談判能力的強化路徑，我們不僅能在這場無硝煙戰爭中存活，還能為下一輪全球秩序奠定原則與結構。

◎最後的提醒：經濟國安，就是未來的國安

未來的戰爭也許沒有前線，卻處處是交火點 —— 物流、資料、交易、平臺、金融、供應、標準、法規⋯⋯所有這些過去只屬於經濟部門的詞彙，如今都是國防與主權的最前線。貿易不再只是商品交換，它是國力展演，是國格選擇，更是制度競爭場。

唯有看懂這場轉變，提前布局，我們才能不被改變吞沒，而能引導變化的浪潮。否則，在貿易變成戰爭的世界裡，那些沒有設計自己定位的小國，只會淪為大國間交換的籌碼與棋子。

臺灣不該成為棋子。我們，應該是自己這盤棋的設計者。

後記　當貿易變成戰爭，國家該如何設計未來？

主題索引

- AI 倫理治理與演算法透明度……第 3 章、第 9 章、第 12 章第 2、4、5 節
- API 資料跨境流通治理……第 9 章、第 12 章第 2 節
- App 封鎖與數位主權……第 9 章
- 半導體戰略自主化……第 3 章、第 10 章
- 碳邊境調整機制（CBAM）……第 6 章、第 12 章第 3 節
- CHIPS and Science Act（美國晶片法案）……第 3 章、第 10 章、第 11 章
- CBDC（中央銀行數位貨幣）……第 5 章、第 12 章第 2 節
- 企業永續揭露（CSRD）……第 12 章第 3 節
- CPTPP（跨太平洋夥伴全面進步協定）……第 12 章第 4、5 節
- 供應鏈韌性與備援規劃……第 4 章、第 10 章
- 地緣技術政治（Geotech Politics）……第 3 章、第 11 章、第 12 章
- 電子支付斷鏈制裁（SWIFT / Visa 禁用）……第 5 章、第 12 章第 1 節

主題索引

- ESG 作為經濟制裁工具……第 6 章、第 12 章第 3 節
- 金融武器化（Weaponized Finance）……第 5 章、第 12 章第 1、3 節
- Friendshoring（友岸外包）……第 12 章第 4 節
- 灰犀牛風險管理模型……第 1 章、第 4 章、第 10 章
- Hybrid Warfare（混合戰爭）……第 12 章第 1 節
- IPEF（印太經濟架構）……第 11 章、第 12 章
- 跨國 ESG 治理與稽核鏈（Blockchain ESG）……第 12 章第 2、3 節
- Nearshoring（近岸外包）……第 11 章、第 12 章第 4 節
- 非對稱貿易報復戰略……第 2 章、第 11 章第 4 節
- 再全球化（Re-globalization）……第 12 章第 4、5 節
- 數位貨幣去美元化效應……第 5 章、第 12 章第 2 節
- 數位主權（Digital Sovereignty）……第 3 章、第 9 章、第 12 章
- 數位經濟去殖民化策略……第 9 章、第 12 章第 2 節
- 數位中立國構想……第 12 章第 5 節
- 碳排資料可追溯鏈（Carbon Traceability）……第 6 章、第 12 章第 3 節
- 制度吸引力（Normative Attractiveness）……第 12 章第 4、5 節
- 制度武器化（Legalization of Economic Power）……第 6

章、第 12 章第 3、4 節
◆ 資料主權與資料戰略邊界……第 3 章、第 9 章、第 12 章
◆ 中間經濟體策略（Neutral Economic Actor）……第 11 章、第 12 章第 5 節
◆ 區域供應鏈再編（Regional Value Chain Realignment）……第 10 章、第 12 章
◆ 去風險化（De-risking）vs. 脫鉤（Decoupling）……第 10 章、第 11 章、第 12 章
◆ 可信賴供應國（Trusted Supplier State）……第 10 章、第 12 章第 5 節
◆ 美中科技冷戰與供應鏈分裂……第 3 章、第 11 章
◆ 選舉經濟槓桿（Electoral Tariff Strategy）……第 11 章第 3 節
◆ 新自由主義全球化疲乏（Post-Neoliberal Disillusionment）……第 12 章第 4 節
◆ 數位監管與去平臺集中化策略……第 9 章、第 12 章第 2 節
◆ 戰略儲備清單制度（Strategic Resource Ledger）……第 10 章
◆ 國際貿易制裁下的產地再分工……第 11 章、第 12 章
◆ 臺灣可信任治理品牌（Taiwan as a Trusted Node）……第 10 章第 5 節、第 12 章第 5 節

主題索引

- 供應鏈中立服務平臺（Compliance-as-a-Service）……第12章第5節
- 國家資安轉為經濟安全核心（Cyber-Economy Nexus）……第9章、第12章

國際組織與政策協議索引
(International Organizations & Policy Regimes)

全球性組織與協議

WTO（世界貿易組織）

多邊貿易體系疲弱與爭端處理失能背景……第 2 章、第 12 章第 4 節

IMF（國際貨幣基金組織）

針對金融制裁與資金穩定扮演角色……第 5 章、第 12 章第 1 節

World Bank（世界銀行）

ESG 規範輸出與開發中國家融資門檻影響……第 6 章、第 12 章第 3 節

UNCTAD（聯合國貿易與發展會議）

提供全球去全球化趨勢數據與政策報告……第 12 章第 4 節

國際組織與政策協議索引（International Organizations & Policy Regimes）

WEF（世界經濟論壇）

　　推動數位治理、數據跨境信任框架……第 9 章、第 12 章第 2、4 節

ISO（國際標準組織）

　　ESG、碳揭露、AI 安全與供應鏈信任標準化制定……第 6 章、第 12 章第 3 節

區域性自由貿易協定與合作平臺

RCEP（區域全面經濟夥伴協定）

　　中國主導的亞洲區域主義進程……第 11 章、第 12 章第 4 節

CPTPP（跨太平洋夥伴全面進步協定）

　　臺灣爭取加入、供應鏈重構潛在制度平臺……第 11 章、第 12 章第 4、5 節

IPEF（印太經濟架構）

　　美國主導的非關稅型合作協議，著重數位、勞動、供應鏈安全……第 11 章、第 12 章第 4、5 節

US-EU Trade and Technology Council（TTC）

　　美歐合作制定 AI、半導體、資料治理規範與抗中技術聯盟……第 3 章、第 12 章第 2、4 節

DEPA（數位經濟夥伴協定）

　　新加坡、紐西蘭、智利首創之數位治理協議，推動資料自由與 AI 信任機制……第 9 章、第 12 章第 4、5 節

國際組織與政策協議索引（International Organizations & Policy Regimes）

政策制度／經濟法規架構

CBAM（碳邊境調整機制）

歐盟對高碳排進口商品之碳稅壁壘，影響貿易合規與產品來源國……第 6 章、第 12 章第 3 節

CSRD（企業永續揭露指令）

歐盟強制性企業供應鏈 ESG 揭露法案……第 12 章第 3 節

CHIPS Act（美國晶片法案）

提供高科技製造回流補貼，建立科技同盟限制對中出口……第 3 章、第 10 章、第 11 章

IRA（通膨削減法案）

美國推動新能源與本地生產補助政策，具貿易排他效果……第 11 章

Global Magnitsky Act（全球馬格尼茨基人權問責法）

美國以人權為由實施個人或企業財產凍結與貿易禁令……第 12 章第 3 節

OECD Guidelines for Multinational Enterprises

　　跨國企業社會責任與 ESG 行為準則來源之一……第 12 章第 3 節

UN Guiding Principles on Business and Human Rights

　　國際企業與人權義務指導基礎……第 12 章第 3 節

國際組織與政策協議索引（International Organizations & Policy Regimes）

技術治理與數位安全相關倡議

GAIA-X（歐盟雲端數據主權計畫）

　　推動資料本地化與雲端平臺可信賴標準……第 9 章、第 12 章第 2 節

Freedom Online Coalition（FCO）

　　由美歐倡導之數位言論自由與資料主權架構……第 9 章、第 12 章第 5 節

Global Partnership on AI（GPAI）

　　促進 AI 倫理、開放數據與可信賴技術的國際平臺……第 12 章第 2、4 節

Digital Public Goods Alliance（數位公益聯盟）

　　支援開源、開放資料與數位人權的跨國倡議……第 12 章第 5 節

國家圖書館出版品預行編目資料

貿易壁壘，無硝煙的世界戰爭：關稅不再是政策，是武器；貿易不再是交流，是壓制；臺灣，該如何不在戰場中失語？/ 遠略智庫 著. -- 第一版. -- 臺北市：山頂視角文化事業有限公司, 2025.05
面；　公分
POD 版
ISBN 978-626-7709-11-5(平裝)

1.CST: 國際經濟關係 2.CST: 國際貿易 3.CST: 經濟戰略 4.CST: 經濟情勢
552.1　　　　　　114006756

貿易壁壘，無硝煙的世界戰爭：關稅不再是政策，是武器；貿易不再是交流，是壓制；臺灣，該如何不在戰場中失語？

作　　　者：遠略智庫
發　行　人：黃振庭
出　版　者：山頂視角文化事業有限公司
發　行　者：山頂視角文化事業有限公司
E - m a i l：sonbookservice@gmail.com
粉　絲　頁：https://www.facebook.com/sonbookss/
網　　　址：https://sonbook.net/
地　　　址：台北市中正區重慶南路一段 61 號 8 樓
8F., No.61, Sec. 1, Chongqing S. Rd., Zhongzheng Dist., Taipei City 100, Taiwan
電　　　話：(02) 2370-3310　傳真：(02) 2388-1990
印　　　刷：京峯數位服務有限公司
律師顧問：廣華律師事務所 張珮琦律師

-版權聲明-

本書作者使用 AI 協作，若有其他相關權利及授權需求請與本公司聯繫。
未經書面許可，不得複製、發行。

定　　　價：520 元
發行日期：2025 年 05 月第一版
◎本書以 POD 印製

電子書購買

爽讀 APP

臉書